철학적 미학

철학적 미학 - 미적 경험으로의 초대

2014년 5월 10일 1판 1쇄 발행

지은이 한스 페터 발머
옮긴이 임지연

펴낸이 김현표
주간 최진선
편집 원희진
디자인 신정민

펴낸곳 **미진사**
주소 경기도 파주시 광인사길 103
전화 031-955-6266
팩스 031-955-6267
이메일 mijinsa@mijinsa.com
홈페이지 www.mijinsa.com
등록번호 제406-2013-000126호

ISBN 978-89-408-0474-2
값 16,000원

철학적 미학

Philosophische
Ästhetik

미적
경험으로의
초대

한스 페터 발머 지음
임지연 옮김

미진사

일러두기

1. 몇 안 되는 각주는 모두 역자가 붙인 것이다.
2. [ ]는 이해를 돕기 위해 원문을 훼손하지 않는 선에서 역자가 보충한 부분이다.
3. 독문 참고 문헌에 수록된 도서들 중 우리의 독서에 도움이 될 만한 최소한의 국문 번역서와 그 외 몇 권의 도서들을 이 책의 맨 마지막에 순서대로 정리해 두었다.

차례

역자 서문

미학과 관련하여 답하기 어려운 질문 중 하나는 미학이란 도대체 무엇을 하는 학문인가, 하는 것이다. 한스 페터 발머Hans Peter Balmer의 이 책 『철학적 미학-초대Philosophische Ästhetik-Eine Einladung』(2009) 역시 우리와 동일한 물음에서 출발한다. 이 책은 단순히 미학 이론을 정리하여 소개하는 책이 아니다. 이 책은 그러한 이론들 각각이 실제적으로 지향하고 있는 바가 무엇인지 한 번 더 생각해 보도록 하는 한 편의 철학적인 에세이이다. 여기에는 '자유롭되 진지하게'라는 모토가 가장 잘 어울릴 것이다.

'감성적 인식에 관한 학'으로 정식화된 이래, 미학은 철학의 한 분과라는 위상에서 벗어나 자신만의 자유를 찾아 길을 떠난다. 바움가르텐에서 시작하여 칸트와 실러, 일군의 독일 낭만주의자들(하만, 헤르더, 슐레겔, 노발리스), 독일 관념론자들(피히테, 헤겔, 셸링), 쇼펜하우어, 키에르케고어, 니체, 그리고 듀이에 이르기까지, 이 모든 단계들은 앞선 담론들에 대한, 보다 정확히 말하자면 전통 철학에 대한 비판과 극복으로 이해된다.

일련의 미학적 움직임 속에서는 이성의 폭력성과 추상성에 맞서 인간의 정신에 보다 높은 자유를 보장하고 그에 기초된 인간의 삶을 최대한 구체적이고도 생생하게 획득하고자 하는 노력이 발견된다. 중요한 것은 철학과 미학, 이성과 감성이 상충적인 것이 아니라 응당 상보적인 것임을 깨닫는 것이다. 이성은 감성적으로 되어야 하고 감성은 보다 높은 정신으로 고양되어야만 한다.

이성의 절대성을 거부하고 모든 것이 각자의 권리에 따라 평등하게 존재하고 있음을 증명하고 설득하는 것, 추상적 논변의 허울을 벗겨 근원적 생명의 생생한 현장을 포착하는 것, 그리고 그렇게 포착된 만유의 삶을 자유의 세계로 승화시켜 나가는 것, 이것이야말로 미학의 주제이자 대상이다. 미학은 삶이 폭력적이거나 피상적으로 되지 않도록 우리를 늘 깨어 있게 만드는 작업이자, 우리의 삶 속에서 평등과 자유를 실현하는 하나의 실천학이다. 이러한 의미에서 저자는 미학의 정점을 헤겔이 아니라 니체에게서 발견한다.

이 책에서 펼쳐지는 탐색의 자리마다, 우리는 대지 위에서 하나의 몸으로서 살아가야 하는 인간의 삶을 목도하게 될 것이다. 몸을 가지고 살아가는 한, 인간은 고통과 결핍, 슬픔, 절망, 우울 등으로 점철된 생의 비루함에서 벗어날 수가 없다. 하늘로 머리를 두르고 있는 모든 존재들에게는 언제나 슬픔의 그림자가 따라다닌다.

그렇지만 그와 동시에, 중력의 법칙에 따라 하강할 수밖에 없는 존재에게는 상승하고자 하는 "애타는 목마름" 역시 존재한다. 예술은 이러한 결핍과 동경의 산물이다. 내면 깊은 곳에서 터져 나오는 말과도 같이, 바로 예술을 통해 대지 위의 뭇 존재들은 '이곳'을 벗어날 유일한 상승의 가능성을 획득하게 된다. 그가 지닌 결핍과 동경은 그가 마침내 상승할 수 있는 존재임을 증명한다.

따라서 사소한 것에서도 끔찍한 고통을 느끼는 자, 모래알 하나에서 전 우주의 형상을 감지하는 자, 한 자락의 바람결에서 전 인류의 흐느낌을 듣고, 내리는 비를 맞으며 세상의 눈물을 함께 흘리는 자, 다른 사람에게는 보이지 않는 것을 보고 들리지 않는 것을 듣는 자, 한 마디로 자신의 몸이 들려 주는 소리에 집중하여 그것을 밖으로 표명하는 자, 그럼으로써 저 높은 자유의 한복판에서 세계와 기꺼이 조우하며 기뻐하는 자야말로 유한자로서 인간의 본질을 가장 잘 보여 주는 자이다.

이러한 본질적인 삶을 위해 우선 우리가 할 수 있는 일은 삶이 지닌 은현하고도 그윽한 맛을 '음미'하고 그 의미를 '성찰'하는 일일 것이다. 그렇게 생각하고 나니, '미학'이라고만 해도 충분했을 제목에 저자가 '철학적'이라는 수식어를 붙인 이유가 이제야 완전히 이해된다. (부제에 대해서도 잠시 언급하자면, 원래 '초대'로만 되어 있는 것을 '미적 경험으로의 초대'로 옮겨 적었다. 서문에서 드러난 저자의 의도를 생각한다면, 이 '초대'는 '우리 현존의 미적 근거에 관한 대화의 장으로의 초대'쯤이 될 것이다. 그러나 이들을 부제로 쓰기에는 너무 짧거나 길었고, 또 우리가 느끼는 일을 비롯해 그것을 다시금 사유하고 서로 이야기하는 일 전체가 '미적 경험'에 다름 아닌 만큼, 우리의 부제 역시 그리 나쁘지만은 않을 것이다.)

박사 논문을 준비하는 가운데 이 책을 번역하게 되었다. 심적으로든 물리적으로든 시간적 여유를 갖기 힘들었지만, 번역하는 내내 미학의 참된 역할이란 주제를 두고 이 책과 나누었던 대화는 무척 뜻깊은 것이었다. 풍성한 대화가 이루어질 수 있도록, 보다 많은 이들이 이 책 속으로 들어와 동참해 주길 바랄 따름이다.

녹록치 않는 환경에서도 예술과 정신의 흔적이 사라지지 않도록 애써 주시는 미진사 김현표 사장님과 최진선 주간님, 원고를

꼼꼼히 살펴 주시고 편집해 주신 원희진 선생님, 그리고 이 책이 나오기까지 도움을 주신 모든 분들에게 감사드린다.

2014년 5월

옮긴이 임지연

서문

"음악이 없다면 삶은 하나의 오류일 것이다." 『우상의 황혼』 (I, 말과 화살, 33)에서 니체는 그렇게 말했다. 우리는 여기에 자신만의 말들을 얼마든지 덧붙일 수 있을 것이다. 문학이 없다면, 시가 없다면 삶은 과연 무엇이란 말인가? 그림이 없다면, 조각이 없다면, 삶의 그 숱한 가능성들은 과연 얼마만큼이나 분명해질 것인가? 뮤즈의 선물이 없다면, 우리는 과연 어디에 존재할 것인가?

"성찰하지 않는 삶은 인간으로서 살 가치가 없는 삶이다." 소크라테스는 그렇게 말했다(플라톤, 변명, 38a). 이 말은 표현되지 않는 삶은 결코 삶이 아니라는 의미로도 읽을 수 있을 것이다. 자신이 느낀 바를 표명하는 삶, 그럼으로써 다른 이에게 그렇게 전달되고 고백되는 삶, 쉽게 말해 예술적으로 펼쳐 보이는 삶이야말로 가장 인간적인 삶이다. 정신적 금욕주의자나 철저한 합리주의자가 음악에 심취한 소크라테스보다 더 많은 일을 하는 것은 아니다. 실상 소크라테스는 그 두 가지 모두를 겸비한 이상적이고 조화로운 인간상을 보여 주고 있다.

이 두 격언의 인도에 따라 우리는 지금 우리 앞에 놓인 이 책의 고민과 사색 속으로 들어간다. 우리는 우리 현존의 미적 근거를 이해하기 위한 대화의 장에 초대되었다. 이 책은 학교에서 하듯이 어떤 것을 가르치려 한다거나 딱딱한 이론을 장황하게 늘어놓지 않을 것이다. 체계를 지으려는 마음도 없다. 다만 우리가 늘 접하는 일상 속에서 상호 이해와 소통의 과정을 되살리는 데 도움을 주고자 한다. 그리고 그 일은 '그야말로 자유롭게, 어떠한 강요나 부담도 없이' 그렇게 이야기될 것이다.

이 작은 책이 나오기까지 적지 않은 노력이 들어갔다. 이 책과 씨름해야 했던 많은 시간과 나날들 동안, 나는 나 자신을 망각할 정도로 깊은 생각에 잠기기도 했고, 또 이유를 알 수 없는 커다란 행복감에 빠지기도 했다. 출판사를 비롯하여 역량 있는 편집자 카트린 하잉, 그리고 내가 품고 있는 생각에 늘 애정과 관심을 보여 주는 소중한 학생들과 독자들, 이들의 오랜 인내와 기다림이 없었다면 이 책은 결코 빛을 보지 못했을 것이다. 강의를 진행하며 학생들과 여러 차례 논의했던 내용들이 마침내 이렇게, 자유로운 한 편의 에세이로 완성되었다. 여기에 제시된 여러 역사적 자료들을 현재 우리가 처해 있는 상황들과 잘 연결시켜 우리의 사유가 보다 풍요로워지기를 희망한다.

오랜 지기들과 학생들, 특히 합창단을 비롯한 솔리스트들과 연주자들에게 이 책을 바친다. 튀빙겐 수학기 동안 그들을 모집하고 지도하면서 나는 협주의 진정한 기쁨을 느낄 수 있었다. 우리가 함께 했던 바흐, 헨델, 하이든, 베르디, 그 많은 오라토리오들… 그 잊을 수 없는 경험을 글로 다 담을 수는 없을 것이다.

아울러 이 책의 출간을 통해 마틴 디즐러에게 존경을 표하고 싶다. 다재다능했고 진정으로 자유로운 영혼의 소유자이자 천생 화가였던 그에게. 고등학교 시절 이래 내내, 정확히 말하자면 1996년 8월 그가 바삐 세상을 떠날 때까지 늘 우정으로 묶여 있던 나의 친구에게. 위태로울 정도의 그 섬뜩한 창조적 불안감에서 단 한시도 벗어나 본 적 없는 그에게.

가독성을 높이기 위해 원문의 인용구 출처는 축약해서 표기하였고, 그에 맞는 서지 사항은 참고 문헌 목록에 챕터별로 기록해 두었다(예를 들어, 'Ae §1'의 원전은 Baumgarten, Alexander Gottlieb, Aesthetica §1). 이 책의 원고는 현대 독일어 정서법을 따라 작성되었다. 단 인용문에서는 해당 판본의 철자를 그대로 유지했다.

관계자 모두에게 깊은 감사를 드린다. 수없는 격려와 생산적 비판을 아끼지 않았던 아드리안 실러와 알렉산더 자이볼트에게 특별한 감사의 마음을 전한다.

아우크스부르크/뮌헨, 2008년 12월
한스 페터 발머

근대의 위기와 감각의 진리

말하라, 어떻게 형상들이 쉼 없이 되살아나
계속해서 흔들리는지,
그리고 그 흔들리는 모습 속에서도 고요가 존재하는지?
실러 (춤, 19행 이하)

미적 경험의 반성

철학적 미학이란 무엇인가? 그런데 이 말은 과연 올바른 말인가? 어디서 어떻게 나온 말인가? 시작부터 모든 것이 불분명하고 모호하기만 하다. '미적 경험의 반성'이란 말부터 참 이상한데, 일단 ['미적 반성의' 부분을] 2격 목적어로 읽는다면, 이는 미적 경험을 반성해 본다는 말이다. 다른 한편 그것을 (2격 주어로 읽는다면), 미적 경험이 그 자신의 입장에서는 반성일 수 있다는 말로서, 미적 경험의 특성이 반성[이라는 형식]으로 드러나고 있다는 말이다. 그런데 갈수록 태산이다. '미적 경험'이라는 표현 역시 너무도 모호하다. 학문적으로도 무어라 규정해야 할지 모르겠다. 일단 이 말은 미적인 것에 대한 경험이라는 하나의 특수한 경험을 말하는 것일 수도 있고, 아니면 경험 일반의 특성을 말하는 것으로, 경험이란 미적으로 펼쳐지고 개진될 수 있으며 또 그럴 수밖에 없다는 그 가능성과 필연성을 지적하는 것일 수도 있다. 그것도 아니라면 혹시 미적 경험에서야말로 비로소 참다운 경험을, 이해의 이해를 달성한다는 말일까? 사정이 이러하니, 미적 경험을 반성해 보는 우리의 작업을 위해서는, 저 비옥한 철학적 사유들을 비롯해 철학 내의 한 독립 분과로서 미학이 지니는 핵심적 요소들을 살펴보는 일이 중요하면서도 유익한, 심지어 불가피한 일로 보인다. 이는 질문에 대해서 다시 질문하는 것이다. 언제나 그렇듯 철학을 하려는 자는 익숙한 삶으로부터 벗어나야만 한다. 미적 영역에 포함된 문제 지형을 완전하게 파악하기 위해 일단 그것의 역사적 관계 지점들을 하나하나 생생하게 그려 보는 일은 우리에게 많은 도움을 줄 것이다.

일단, 달성할 수 없는 것은 어쨌든 이미 완전히 끝났다고 생각해도 좋을 것이다. 달성할 수 없는 저 관념론적 미학 말이다. 어떠한 전문가도 이제는 더 이상 미와 예술에 관한 규범적 미학을 요구하지 않을 것이다. 이미 오래전에 아름다움은 예술로부터 탈피했기 때문에, 이제 예술은 더 이상 미적인 영역의 중심을 확고하게 차지하지 않는다. 이러한 변화를 일으킨 원인을 묻는다면 살풍경한 고전주의와 향수에 젖어 있는 낭만주의가 답이 될 수 있을 것이다. 관념론을 벗어난 그 이후의 '예술'은 현실을 미화시키지 않고 그것을 있는 그대로 정당한 것으로 다룸으로써, 그동안 은폐되어 있던 사물의 이면을 전면에 드러낸다. 아무리 늦어도 스페인의 화가 고야 이래로는 지옥과도 같은 끔찍한 광경이 완전히 현실적인 모습으로 그려진다. ('끔찍함'은 중세 내내 지옥Inferno이라는 특정 장소로 추방되어 있었으며, 이는 특히 단테에게서 잘 드러난다.) 고전적인 미에서는 취급해 주지 않았던 추함, 무절제, 음란함, 섬뜩함, 끔찍함 혹은 우연적인 것, 평범한 것, 통속적인 것, 일상의 남루한 모습 등은 이제 자기 나름의 당당한 의미를 갖게 되었다. 매너리즘, 검은 낭만주의, 사실주의, 표현주의, 초현실주의, 다다이즘, 그리고 2차 대전 이후 아방가르드 운동을 비롯하여 (아르 브뤼 및 아르테 포베라, 나아가 개념 미술과 미니멀 아트에 이르기까지) 이들 양식들은 미적 이념과 선을 긋고 그것의 특권적 재현성을 중단하는 방향으로 흘러간다. 전통적인 문화가 오랫동안 강요하거나 금기시하고 소외시켰던 것들, 아니면 숭고하게 여겼던 모든 것들이 한 방에 박살나고, 이제 분노와 절망, 순수한 무정부주의가 확산된다. 논리적 사유, 서구의 합리주의, 만연된 이성 중심주의(특히 그것의 무분별한 사용)는 옹졸하고 강제적이며 억압적인 것으로 여겨지게 된다. 계몽된 자들은 이미 오래전에 떠나갔다. 이제 그들은 자기 자신과 세계의 저 어두운 심연 속으로의 아득한 추락을 감행한다. 그리고 그들의 추락에는 인간의 무한한 잠재성을 마음껏 펼치고야 말겠다는 굳은 의지가 담겨 있다.

이로써 마침내 현실을 지양하고 그것을 모두 완전한 가상으로 변형시키려는 시도들이 매 변화의 자리마다 등장한다. 모든 것이 가능해 보이고, 딱히 정해진 것은 아무 것도 없다. 다만 형식주의적 미학에 천착한 분석적 시도들은 거부되어야 할 것이다. 미적인 것에 대해 단순히 기호학적이거나 순전히 구조주의적으로 접근하려고 하는 자, 입자론적 사고에 매몰되어 잠재적인 무한한 차이에 대해 아는 것은 물론이요, 그 기호가 뜻하는 바를 전혀 연결시키지 못하는 자는, (실용적인) 의미를 물을 때조차도 자신의 소견을 밝히거나 답변을 하지 못하는 사람이다. 짧게 말해, 모든 것을 실증주의적으로 환원시키려는 시도는 해석 능력의 부족과 만연되어 있는 참조적,

부호적 특징으로 인해 미학의 영역에서 완전히 벗어나 있다.

결국 모든 것을 분류하고 체계화하는 미학이란 있을 수 없다. 예컨대 헤겔이나 쇼펜하우어가 예술의 체계 속에서 질서와 의미를 인식할 수 있다고 생각했을 때에도, 실질적으로 그것은 그들에 앞서 이미 파악되고 결정되어 있는 형이상학적이고 존재론적인 내용들이 다시금 설명되고 확인된 것일 뿐이다. 예술을 철학의 기관으로 생각하는 셸링의 기획을 거친 뒤에야, 미적인 것의 독립성에 주목하고 그것이 지닌 생동성과 무한한 특성으로 형이상학과 존재론을 변화시키려는 시도들이 이어지게 된다. 미(학)적으로 철학하기, 이를 선취하기 위해서는 '가치 전도'의 시대인 포스트모던을 내다보아야만 한다.

고로 가장 먼저 할 일은 미적 경험에서 출발하여 일단 거기에 집중하는 일이다. 미적 경험에 대한 이러한 경험적이고 실험적인 태도는 일견 현상학이나 해석학의 방식과 유사할 것이다. 체험에서 출발해 직관과 서술을 거쳐 마침내 이해에 이르게 되는 그러한 방식 말이다. 자, 광활한 지평이 열렸다. 인간의 활동 일반이 미적 경험으로 간주되는 한, 그것은 풍요롭고 생동적이며 목적에 구애받지 않는 자기규정적인 것으로 묘사될 수 있다. 이는 쉼 없이 이어지는 삶의 연속들이 바로 그렇게 되기를, 아울러 다양한 욕구와 욕망, 그리고 그것의 표현물과 판타지들이 단순히 '현실'에 대한 상상적 영역에 머무는 것이 아니라 일상에 침윤되어 [일상 그 자체가] 유희적이고 자유롭게 되기를, 나아가 상호 소통의 장이 되기를 희구하는 것이다. 삶과 예술이 정말 이렇게 동행하고 있는 것인지, 우리는 얼마든지 묻고 새롭게 실험해 볼 수 있다. 들떠서 소란스럽게 떠들지 말라는 요구가 들리지 않는 바는 아니지만, 이제 새로운 세대는 앞선 세대들의 환멸과 체념을 무조건 수용하라는 명령에 반기를 들 것이다.

미적 경험의 이러한 요구는 곧 실천적 행위의 중요성을 다시 한 번 강조하는 것인 동시에 나아가 그 행위를 완수해 가는 인간 그 자신의 가치와 의미를 변화시키는 것이다. 르네상스, 질풍노도, 고전주의, 낭만주의, 유미주의 등의 시기에 천재는 심미적 인간의 전형으로서, 실로 신적 인간이라 할 수 있는 창조적 인간homo creator으로 간주되었다. 그는 탁월한 생산력을 특징으로 한다. 특히 천재는 남들이 미처 느끼지 못하는 점을 탁월하게 집어내는 감수성의 대가라는 점에서 주목된다. 사물이나 사태, 혹은 일련의 사건들의 감각적 특성에 반응하는 인간의 근원적 감수성, 자신만의 고유한 '질적 차별화의 능력', 천재는 바로 그것을 지니고 있는 자이다. 단언하건대 미적 경험은 세계와 함께 있다는 느낌에서, 세계와의 창조적 소통에서 시작된다. 질적인 차이를 구별해 내는 능력인 인간의 감각은 단 한순간 짧게 스쳐 지나가는 식으로 경험될 뿐이다. 그러나 이 짧은 스침의 시간 동안, 감각에는 하나의 생산적이고 초월적인 동력이 제공된다. 세계와의 감성적 연관은 [보거나 듣는 등, 감각적 대상에 대한 반응에서 시작한다는 점에서 일단] 수동적이긴 하지만, 그것은 자신 앞에 놓인 한 존재의 내면과 그 주변에서 일어나고 있는 일에 대해 단지 소극적으로 감수하는 것이 결코 아니다. 오히려 그 안에서는 분명히 하나의 창조적인 능력이 펼쳐지고 있다. 직감적으로 파악된 것을 표현하고 이내 지각된 것으로 타인에게 전달하는 그러한 능력 말이다. 나아가 그것은 인간적으로 유의미한 것들을 자신이나 타인에게 보여 주는 능력이자, 그들과 관계 맺고 심지어 그들과 동화될 수 있는 능력이기도 하다. 이렇듯 '예술'은 인간 상호 간의 소통, 연대, 정의 등을 촉진시킨다.

이 모든 것들에서 근본적으로 우리가 중요하게 다루는 것은 감성적 현실화이다. 일련의 직감들, 내적 표상들, 감각 자료들, 이것들은 완전히 사라져 버릴 것이다. 따라서 이들은 불가피하게도 상징화의 과정을 거쳐야만 한다. 또 다른 한편, 완전히 차별화된 (그리고 변증법적으로 손쉽게 따라잡을 수 없는) 동역학적 경험 구조 및 특히 그 구조에 내접되어 있는 자기 자신에 대한 언어적이고 개념적인 반성 역시 거쳐야만 한다. 반성이 광범위하고도 근본적으로 충분하게 이루어질 때, 미학은 철학적 학문, 즉 미적인 것에 대한 이론으로서 자신의 모습을 드러낼 것이다. 미적인 것을 그에 적합한 예술로 변형시킬 수 있는 실천의 한 계기로서 말이다. 미적 경험이란 인간이 세계 내의 만물과 맺는 자유로운 관계의 총체로서, 단순한 이론과는 거리가 멀다. 그것은 지식과 기능에서 벗어나 거장의 탁월한 솜씨, 취미, 판단력, 문화 전반, 교양의 모습으로 나타난다. 지겹도록 반복되는 작업, 기술의 주입과 훈련 등에 몰두하는 대신 자유롭게 움직일 수 있는 보다 넓은 길이 열렸다. 또한 한편으로 한 사람의 개인성을 드러내고 유지함과 동시에, 다른 한편으로는 타인과 토론하며 (부분적으로) 합의를 이루는 일 역시 중요하다. 핵심은 전체 세계에 참여하면서도 자신의 세계를 확립하는 데 있다. '지금, 여기'에 처해 있는 우리네 현존재에게는 단지 상황에서 상황으로 이어지고 하나의 사건이 다른 사건에 의해 가려지는 모습만이 현상될 뿐이다. 더구나 미적 경험은 자신의 개인성을 내세우면서도 타인과 자유롭게 소통해야 한다는 의무 때문에 모순적으로 보일 수 있다. 한 인간을 완전히 소외시켜서도 안

되고 또 막무가내로 끌어들여서도 안 되는 그러한 상태로 말이다.

결국 모든 인간의 삶과 문화는 자유와 정의에 대한 미적이고 경험적인 감수성에 불가분하게 연결되어 있음이 분명하다.

심미적 에토스 : 마르쿠제의 경우

심미적 에토스의 이념은 새로운 방식, 이를테면 아도르노의 저술 속에서 핵심적인 의미를 획득한다. 그러나 아도르노의 미학 이론은 사변적이고 부정적인 내용 미학의 전형을 보여 준다. 따라서 그것을 실천적인 측면에서 살펴보기 위해서는 — 니체나 벤야민, 블로흐, 혹은 현대 프랑스 저술가들을 제외한다면 — 일단 마르쿠제를 예로 드는 것이 알맞을 것이다. 아도르노와 마찬가지로 마르쿠제 역시 히틀러의 독재를 피해 망명을 떠난 이력을 지니고 있다. 프랑크푸르트와 베를린을 떠나 1960년대 중반 캘리포니아에 머무는 동안, 그는 자유를 부르짖는 1968년의 궐기에 결정적인 자극을 제공했다. 마르쿠제는 미적 경험을 중요하게 생각했다. 그에 따르면 미적 경험은 삶을 위협하는 체계적이고 합리적인 일차원성에 대한 저항력을 키워 준다. 따라서 생활 세계 내에서 지속적으로 인간화가 추진되기 위해서는, 이성이 반드시 단순한 도구적 이성에서 심미적 이성으로 전환되어야만 한다. 가장 막중한 과제는 억압과 제약을 벗어나 참된 삶의 기술을 갈고 닦는 일이다. 자유는 이러한 기술을 총괄하는 내재적 개념으로서 이성과 결코 동일시될 수 없는 개념이다. 그렇게 하는 것은 단지 관념론을 답습하는 것에 불과할 것이다. 물론 이성이 완전히 포기된다는 것은 아니다.

이성을 완전히 포기하는 것은 파시즘과 그것을 소름끼치도록 끔찍한 소리로 반복하고 있는 파시즘 미학에서 잘 드러나 있듯이 하나의 비합리주의일 뿐이다. 오히려 자유는 다음과 같은 사실, 즉 감성이 이성 그 자신의 타자로서 이성 속으로 수용되어, 그동안 목적론적으로 파악되고 단지 합리적인 측면에서만 활동했던 이성을 과연 확장하고 변화시킬 수 있을 것인지, 또 만일 그렇다면 이 일이 어느 정도로 이루어질 것인지, 하는 것에 달려 있다. 마르쿠제는 이러한 과정을 사회 심리학적 윤곽으로 스케치한다.

> '수용적', '수동적'으로 존재할 수 있는 능력은 자유의 전제 조건이다. 그것은 사물들을 그것의 고유한 권한 속에서 바라보고 그 사물들에 내접해 있는 환희를, 자연의 성적인 에너지를, 혁명을 기다리는 자연의 그 해방되고자 하는 에너지를 경험할 수 있는 능력이다. 이러한 수용성은 그 자체로 창조적인 것의 바탕이 된다. 수용성은 생산성에 대립하는 것이 아니라 파괴적 생산성에 대립한다. 파괴적 생산성은 남성적 헤게모니에서 두드러지는 특징이다. '남성 원리'는 정신과 육체 위에 군림하는 힘이었기에, [그에 대립하는] 자유로운 사회는 이러한 [남성] 원리의 '규정적 부정', 즉 하나의 여성적 사회일 것이다. 이는 모계사회와는 근본적으로 구분된다. 여성을 어머니로 형상화하는 자체가 억압적인 일로서, 그것은 생물학적인 사실을 윤리적, 문화적 가치로 전환시켜 여성의 사회적 억압을 그런 식으로 공고히 하고 정당화하는 행위이다. 오히려 중요한 것은 남성과 여성 모두에게서 드러나는 공격적 행동에 대한 사랑의 승리이다. 남성에 의해 지배되는 문화에서

> 남성적인 것의 '여성화'가 중요하다는 것이다. 이 과정 속에서 충동 구조의 결정적인 변화가 드러나게 될 것이다. 즉 생물학적 요소와 사회적 요소의 결합을 통해 가부장적 문화를 규정했던 그 원초적 공격성은 약화될 것이다. (KR 90 f.)

감각의 진리를 가치 있는 것으로 삼는 연구는 그 이후로도 계속된다. 그런데 이러한 기획을 실행하고 논증함에 있어 마르쿠제는 다소 모순적이다. 마르쿠제에게 자신의 미학은 결국, 해방을 위해 투쟁하는 감각의 정치학과 [그에 대한] 다소 신비주의적인 거부 사이의 불화의 씨앗이 되고 만다. 미적 경험은 시초적이고도 초월적인 특성을 지니고 있는 만큼, 바로 그렇기 때문에 재차 정당성에 대한 요구에 시달리게 된다. 아도르노와 블로흐, 아울러 (사회) 비판 이론 일반에서 유사하게 관찰되듯이, 미적 경험은 타자 존재의 가능성을 선취하고 있을 경우에만 허용된다. 그 외의 어떠한 경우에도 미적 경험은 존재할 만하다거나 그 분명한 위상을 주장할 수 없다. 마르쿠제는 지배와 권력뿐만 아니라 모든 고통들, 그리고 가능하다면 시간과 죽음마저도 극복되어야만 한다고 말한다. 이상주의의 항로를 따르고 있었던 만큼, 마르쿠제가 이들의 가치는 반드시 유지되어야만 한다고 지속적으로 목소리를 키웠던 바로 그 미와 예술은 이제 [미와 예술이 아닌] 그들 이외의 어떤 것을 실현시켜야만 했다. 바로 인류의 상처를 치유할 미래를 성취하는 것, 그리고 이것이 불가능한 것으로 드러난다면 집결하여 총체적 저항에 나서야만 한다. 그 마지막 말은 다음과 같다. 해방과 완성을 위해 전진하라, 결코 굴하지 말고 저항하라!

그러나 사람들은 이러한 종류[즉, 미와 예술 외에 인류의 건강한 미래를 달성하라는 등]의 압박에도 불구하고 미적인 것은 여전히 사라지지 않고 남아 있다고 생각하기도 한다. 예를 들어 지중해의 알베르 카뮈는 미적이면서도 그와 똑같은 정도로 윤리적인 단초에서, 모든 총체적 극단에 완강히 저항하는 연대적 반란을 구상한다. 카뮈에 따르면 태양 아래에서 전체를 획득하는 일은 불가능하다. '모든 것'에 대한 이론적 판단이 처음부터 이미 거부되어 있는 것처럼 말이다. 따라서 결국 미적으로 근거되고 감각적인 것 속에서 확고해진 자유의 실천이란 곧 사물에 대한 감성적 작용을 위한 감수성을 의미한다. 그에 따르면 [인간은] 사물들에 의해서 고무되고 충만되기 때문에, 사물은 그 자체로 정당하게 존중받는다. 이러한 방식으로 사물은 명시적 자유의 가능 근거가 된다.
마르쿠제나 그 외 비판 이론에서와는 달리 [카뮈에게서는] 미학이 유토피아의 임무를 담당한다. 그러나 그들 모두 종국에는 해방된 사회를 지향하고 있는 것으로 보인다. 그리고 거기에 이르기 위해 사용되는 수단들을 하나로 직조해 내는 일은 감각의 도야 정도에 따라 이루어지기에, 결국 현실 전체는 이미 칸트와 니체, 그리고 어떤 면에서는 듀이에게서와 같이 하나의 예술 작품으로 형식화될 수 있다. 이에 대해 마르쿠제는 다음과 같이 말한다.

> 더 이상 현존재에 대한 투쟁으로서의 생이 아니라 향유로서의 생이 이제 근본적인 경험이 될 것이다. 소외되었던 노동은 인간의 능력과 힘이 펼치는 자유로운 유희로 변화되었다. 내용 없는 모든 초월은 마침내 중지할 것이며, 자유는 더 이상 늘 실패하기만 하는 기획은 아닐 것이다. 생산성은 수용성에서 규정된다. 실존은 계속해서 고양되면서도 결코 완수되지 않는

> 그러한 생성으로 경험되는 것이 아니라, 존재하고 또 존재할 수 있는 것과 관련된 현-존재로 경험된다. 시간은 더 이상 직선적이지 않다. 시간은 영원한 직선 혹은 영원히 상승하기만 하는 곡선이 아니라 원환 운동, 회귀로 나타난다. 니체가 그것을 '영원한 환희'라고 생각했듯이 말이다. (PP 50)

따라서 예술 작품과 거기서 드러나는 아름다움에는 기존 상태에 대한 저항 작용만 있는 것이 아니다. 오히려 우리는 예술의 이 상징적 현존 속에서 예술 자신의 일관된 권리를 보다 우세하게 발견할 수 있다. 끊임없는 변화와 교체 속에서도 결코 변하지 않는 위대한 예술의 항구적인 책무는 전체 인류, 인간 그 자체의 조건을 표명하는 것이다. 어떤 개인이나 계층에 의해서도 소진되지 않고, 모든 인간을 전혀 부족함 없이 풍족하게 먹여 살리는 그러한 조건을 말이다. 말하자면 미학적인 것은 공적인 실천 영역으로 완전히 편입될 수 없는 행복의 이념을 다루고 있다. 미적 형식에 드러나 있는 것은 공공연한 말로는 결코 표현될 수 없는 비밀스러운 주관성에의 호소이다. 한 개인의 운명이 지고 있는 고통은 변형되고자 한다. 그리고 그런 한에서 예술은 현실에 대한 가상으로 존재할 뿐이다. 예술이 했던 그 약속을 예술 자신으로서는 지킬 수 없다. 실상 예술의 기만은, 예술 자신으로서는 결코 내어 줄 수 없는 그러한 행복을 약속했다는 사실에 있지 않을까? 순수한 인간성은 정치와 마찬가지로 분명히 예술로서도 감당할 수 없는 것이리라. 궁극적으로 달성하고자 했던 충만, 휴식, 해방, 향유, 사랑, 아름다움, 자유, 평화, 이 모든 요구들은 선대의 많은 사상가들에게서와 마찬가지로 마르쿠제에게서도 결국 신비주의적인 부정성에 부합하게 된다. 따라서 그의 에세이 『예술의 영속』이 묘한 분위기의 정적과 함께 끝나는 것 같다면, 그러한 결말은 곧 평온함 그 자체가 저절로 드러나는 것이거나 어쩌면 에로스와 타나토스, 즉 사랑과 죽음의 화해로서 모든 것을 아우르는 평화가 제시된 것이라고 할 수 있을 것이다.

정치와 신비, 혁명과 낭만 사이의 설왕설래, 이 양극단의 모순 속에서 제시된 마르쿠제의 미적 경험에 대한 설명은 현대 문화가 낳은 산물이자 그것을 반영하는 거울이다. 그러나 급진적 사회 이론가들의 사상은 근본적으로 근대 미학에 연결되어 있으며, 구체적으로는 18세기 중후반의 바움가르텐, 칸트, 실러가 제시했던 새로운 미학에 대한 자유로운 요청으로 소급된다. 미학으로의 전환은 초월적 가치를 추구하는 것만으로는 완전한 의미를 성취할 수 없다는 사실과 더불어 자신의 주관주의 속에서 세계를 상실해 버린 의식의 아포리즘에 밀접하게 연관되어 있다.

그렇다면 미적 경험은 허무주의의 지평에 머물 뿐인가? 아니면 마침내 형이상학적 사유 그 자체를 넘어설 수 있을 강력하고도 핵심적인 것으로 부상할 것인가?

인간성의 확장과 그 근거 :
선두에 선 바움가르텐

인간성의 확장은 근대 미학이 제기한 비판적인 요청이다. 근대 미학은 예술과 미에 대한 이론이 아니라 감각 가능성을 통한 현존재의 확장과 상승, 해방을 우선적으로 다룬다. 근대 미학의 기원을 되돌아본다면, 근본적으로 어떠한 변화가 일어났는지 확인할 수 있을 것이다.

근대의 시도들

이러한 근대적 요청을 실현하기 위한 여러 번의 시도들이 있었다. 1642년 스페인 예수회의 발타사르 그라시안은 통찰력과 재능에 관한 소책자를 출판한다. 이 책에서 그는 양식과 삶의 관계에 주목한다. 여기서 중요하게 다루어지는 것은 일반적이거나 보편적이지 않은 것들, 시대를 벗어나지 않는 것들, 이를테면 당대의 객관적이고 구체적인 사례들을 포착하고 서술하는 일이며, 이를 위해서는 소위 천부적 재능이라는 특수한 명민함이 요구된다. 여기에는 통찰력과 취미, 알맞은 은유를 구사할 줄 아는 능력 등이 포함된다.

그 뒤 영국의 철학자이자 자유주의 정치가 앤서니 애슐리 쿠퍼, 즉 섀프츠베리 경이 주목된다. 섀프츠베리는 1708년 런던에서 『영감론』을 출간한 뒤, 이듬해 『도덕주의자』를 출간한다. 이 두 저작으로 그는 18세기 독일 미학에 막강한 영향을 끼친다. 그에게서 영감, 상상력, 아이러니, 유머, 위트는 합리주의적 독단론과 광신주의를 위한 치료제로 제시된다. 영혼은 적절한 이완 훈련을 통해 사물, 즉 자연의 영역을 인간의 생산적 방식으로 지각하고 묘사할 수 있다는 것이다.

이탈리아 인본주의의 마지막 사상가, 나폴리의 잠바티스타 비코는 1725년 데카르트의 합리주의에 대해 자유분방한 '새로운 학문'으로 맞선다. 여기서 신화와 시는 그것이 지니는 인식적 힘뿐만 아니라 감성적 힘으로 인해, 전혀 새로운 방식으로 역사와 사회의 의미를 이해할 수 있도록 한다. 데카르트에 의해 철학은 방법론적 회의를 거쳐 단 하나의 확고부동한 근거로 돌아가, 결국 명석 판명한 인식으로 축소되고 말았다. 이에 반해 '새로운 학문'은 인간적 세계관의 공리들을 가능한 한 모두 발견하여, 그것들이 환원 불가능한 다의성 속에서 그대로 발휘될 가능성을 모색한다. 이는 철학의 새로운 측면에 접근하는 것이다. 여기서는 탁월한 재능을 발휘해야 하는 예증법이 비판이나 변증법만큼이나 중요하게 여겨지게 된다. 신화적인 것은 인간적-창조적 세계 구축의 필수 불가결한 형식으로 작용한다. 철학과 학문에서 끊임없이 유발되는 모든 사유들은 바로 신화 덕분에 비로소 어떤 것을 반-영Re-flexion 할 수 있다. 여러 의미를 지니고 있는 사물들의 존속과 변화는 궁극적으로 언어의 신화적 토대에 달려 있다. 또한 인간의 상황 역시 보통 그 상황에 맞게 언어화되었을 때 비로소 시야에 들어오는데,

이러한 언어화의 과정에는 반드시 근본적인 형상들이 수반된다. 지식의 영역에서 명석 판명하게 증명하는 역할을 담당하는 언어의 근저에는 보다 깊은 층위가 작용하고 있다. 즉 가리키고 지시하는 언어, 하나의 실제적인 발견 능력, 증명할 수 없는 것에 대한 하나의 근원적인 기록, 추론해야 하는 것이 아니라 단지 바라봐야만 할 따름인 그러한 근본적 상황에 대한 증거가 말이다. 예로부터 은유는 줄곧 이러한 언어적 지시의 탁월한 표현 방식이었다. 또한 상상력과 기억은 예술의 필수 기관이다.

감성이 제공하는 것

이렇게 해서 18세기 중반에 이르렀다. 바움가르텐은 감성적인 것을 종합적 인간의 근거로 제시한다. 대학에서 주로 활동했던 독일의 이 철학자는 미학을 하나의 독립적인 학문으로 정초한 자로서, 그는 '미학'이라는 학명을 제시하고 그것을 철학의 한 분과로 편입시킨다. 그의 박사학위 논문과 후에 라틴어로 쓴 2권의 저술『미학』은 이를 잘 완수하고 있다. 그의 저술과 더불어 엄격한 합리성에 따른 (데카르트가 근거 짓고 라이프니치와 볼프가 계승했던) 독단적 요청은 서서히 사라지게 된다. 물론 이러한 흐름만 있었던 것은 아니다. 대략 비슷한 시기에 독일 강단 철학의 이성적 낙관주의에 대한 프랑스적 풍자인 볼테르의 소설『캉디드 혹은 낙관주의』가 출간되었다. 여기서는 효과적인 치료제나 위안으로서 감성적인 것보다는 오히려 시민적이면서도 다소 청교도주의적인 시각에서 노동이 상찬되고 있다.

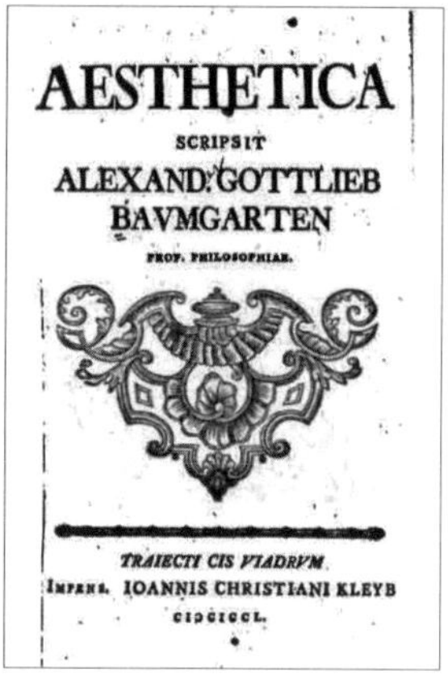

알렉산더 고트리프 바움가르텐, 『미학』, 1750년

라이프니츠의 영향 하에서 바움가르텐의 미학은 17세기 새로운 자연 과학적 기계적 관점에 봉착한 형이상학과 관련된다. 특히 그것을 인간의 정신 능력을 위계별로 구분하는 전통을 계승하고 있는데, 그것에 따르면 일단 제1 자리에 오성 능력이 위치한다. 오성 능력은 보편적인 것, 개념적인 것을 지향한다. 이 합리적인 상위의 인식 능력은 명석하고도 판명한 인식cognitio clara et distincta으로 이어진다. 여기에는 논리학이 대응한다. 라이프니츠는 명석 판명하게 표상되는 합리적 인식 능력 아래에 제2의 하위 인식 능력인 지각, 정서, 감정 등을 위치시킨다. 감성적으로 표상된 것은 언제나 다량의 작은 지각들*petites perceptions*이 뭉쳐진 것으로, 명확한 단위로 일일이 분석될 수 없는 제2 수준의 표상들이다. 감성적인 방법으로는, 실로 명석하긴 하지만 여러 가지가 도무지 구분할 수 없을 정도로 얽혀 있는 혼돈스러운 표상들cognitiones clarae et confusae이 제시되는 것이다. 이러한 인간학적, 인식론적 전제들에 비추어 본다면 바움가르텐이 미학을 하위 영역이라 칭했던 것도 그리 놀랄 일만은 아니다. 하위의 인식 능력을 다루는 학문으로서 미학은 '보다 낮은 인식론'인 것이다.

철학의 영역에서 경험과 감성보다 정신과 이성이 먼저라는 이러한 위계는 라이프니츠에서 처음 시작된 것이 아니라 서유럽의 기본적인 세계관이다. 이미 고대 그리스의 사상가 파르메니데스는 '감각의 기만'이란 말과 함께 감각을 로고스와 철저히 분리시켰다.

플라톤 역시 영혼의 가장 지고한 능력에 따라 행동할 것을 조언한다. 오직 지성과 이성, 즉 노에시스*nóesis* 상에서만 우리는 순수한 통찰과 인식인 로고스에 이를 수 있고, 실질적인 존재로서 보편적인 것의 통일인 이념을 획득할 수 있다. 그렇지 않고 영혼이 육체적이고 감성적인 것을 지향한다면, 그것은 단지 감성적 인식인 아이스테시스aísthesis에 도달하게 될 뿐이라고 플라톤은 말한다. 그것은 언제나 다른 모습으로 딱 한 번씩만 나타나며, 단지 사건일 뿐인 순전한 가상과 착각에 사로잡혀 있는 상태이다. (희랍어로는 'kósmos aisthetós', 라틴어로는 'mundus sensibilis'로 표현되는) 감성계는 모든 개별성들을 묶는 총괄 개념으로서 운동과 생성의 영역에 속하며, 이념과 존재의 영역인 예지계kósmos noētós, mundus intelligibilis 아래에 암울하게 짓눌려 있다.

그러나 이와 완전히 반대로 감성적 인식이야말로 참된 것에 대한 보다 탁월한 증명이라고 생각하는 사람들도 있었다. 그중 누구보다, 소크라테스 이전의 철학자인 헤라클레이토스를 먼저 거론할 수 있을 것이다. 또 나중에 아리스토텔레스 역시 플라톤을 비판하면서 이쪽 진영에 부분적으로 발을 들여놓는다. '유물론자'인 데모크리토스와 에피쿠로스, 그리고 공신력 있는 라틴어로 저술 활동을 했던 루크레티우스가 그 뒤를 따른다. 이어서 스콜라 철학, 르네상스 인문주의, 근대의 캄파넬라, 가상디, 로크, 흄, 콩디야크, 포이에르바흐, 마르크스, 쇼펜하우어, 랑에, 니체로 이어지면서 경험적이고 감성적인 철학의 계열을 형성한다.

한편 감성적 인식의 가능성을 인정한 바움가르텐은 바로 그러한 사정으로 인해 전통의 한계를 넘어서지 못한다. 그가 선택했던 학명에서 잘 나타나듯이, 미학이라는 말은 아이스테타aisthētá, 즉 감성적으로 인식된 것에 대한 학문을 의미한다. 바움가르텐이 말한 대로 지금껏 가장 무시되었던 영역이 이제야 비로소 정당하게 정초되었지만, 그러나 그와 동시에 그는 이러한 기획을 한명의 철학자가 얼마든지 다루어도 전혀 그의 명예가 깎이는 일이 아니라는 점을 변호하고 증명해야만 했다. [감성적인 것에 대한] 전통적인 평가 절하를 막아 보려는 바움가르텐의 방어에도 불구하고, 모호한 인식인 감성적 인식들은 끝내 열악한 것으로 판명된다. 당시 그러한 인식들은 합리적이고 명석해야 할 영혼을 어둡게 하고 밑으로 끌어내린 결과라는 평가를 받고 있었다. 감성적으로 드러난 내적인 요동, 내면에서 점점 자라나 충족되길 요구하는 정념, 감정, 감각, 느낌 등은 계속해서 불신을 받았다. 그것은 자제되어야 했고 어떤 대가를 치르고서라도 정신의 지배 하에 있어야만 했다. 예술 역시 지성의 감독과 규칙 하에 있는 정도로만 허용되었다. 결국 인간이 자연 존재로서의 인간 자신을 지배하는 이성의 제국주의가 도래했다고 해도 결코 틀린 말이 아닐 것이다.

이에 바움가르텐은 마지못한 듯 다음과 같이 타협한다. 감성에 대한 정신[이성]의 우위는 인정하겠다, 그러나 그것의 전횡은 안 된다. 그 결과 미학은 하위 인식 능력들의 기관, 즉 감성적 인식에 관한 학문scientia cognitionis sensitivae(Ae §1)으로서 논리학과 나란히 위치하게 된다. 비록 혼돈스럽긴 하지만 그럼에도 존재하지 않는다고 부정할 수는 없는 명석한 인식을 감성 역시 산출한다. 데카르트 이래로 모든 인식은 정신의 주관적인 수행으로 간주되었다. 또한 라이프니츠에 따르면, 영혼은 우주를 표상하는 힘이다. 그의 낙관주의는 영혼이란 우주의 거울로서, 그것이 반영하고 있는 것은 다름 아닌 예정 조화라고 말하고 있다. 세계의 가장 탁월한 자, 즉 신에 의해 창조된 뭇 사물들의 질서nexus rerum는 인간적인 유한한 정신에게는 추론적으로, 그리고 신적인 무한한 정신에게는 관조적, 직관적으로 가장 명증한 인식 속에서 현시될 수 있다.

'감성적 인식'은 그 인식의 자체적 완전성을 목적으로 한다. 지각될 수 있는 것은 자신만의 특징과 방식에 따라 분명하게 서술될 수 있다. 바움가르텐에 따르면, 감성적 인식은 그 자체의 완전성, 즉 미를 목적으로 지닌다. 감성적 인식은 반드시 아름다움의 형상telos을 지향하니, 세계의 조화는 바로 이렇게 증명된다. 논리적인 영역에 속하는 개별자가 감각적이고 감성적인 영역 속에서도 그 자신인 바를 충실하게 재현하고, 또 소우주와 대우주가 서로 상응하듯이 바로 그렇게 말이다.

바움가르텐에게 미학은 '유사 이성analogon rationis', 즉 이성적인 것의 감성적 상응이자 보충이다(Ae §1). 이성적 인식과 마찬가지로 감성적 인식 역시 분명하고 생생하게 나타나지만, 개념적 추상물로 존재하지는 않는다. 추상이 일종의 상실인 것과 달리, 감성에 포착된 뭇 개별자들은 하나하나 단칭적으로 취급된다. 이처럼 세계에 대한 이해는 미학적 지평에서도 독립적으로 전개되고 있다. 논리적 진리는 아니지만 그래도 그와 동일한 권리를 지닌 미학적 진리가 부상하는 것이다. 이들 두 세계관은 상호 보충적인 관계에 있으며, 이러한 사정은 감성과 이성 간의 간극을 메우려는 노력을 분명하게 보여 준다.

아름다운 예술과 지복

르네상스 이래로 일방적인 헤게모니가 아니라 양쪽이 균형을 이루고 있는 조화의 이념이 줄곧 추구되었다. 아무리 늦어도 최소한 브루노는 그렇게 생각하고 있었다. 가장 지고한 존재인 일자에게 이제 더 이상 어떠한 우월성도 허용되지 않는다. 그러고 보면 실상 근대 미학은 유럽의 자기의식 그 내면에서 일어난 근본적인 변혁과 관련된다. 이를테면 논리학이 독단적 우위를 상실함으로써 자유의 공간이 열리자, 이제 감관을 가지고 지각하는 인간의 입장에서 세계가 서술되기 시작하는 것이다. 확실히 감성과 느낌, 이들은 세계를 생생하게 드러낸다. 바움가르텐이 명시적으로 요구했던 것은, 인간성의 어두운 근거를 무시하지 말고 마땅히 인간 안에 포함시켜야 하며, 그에 합당한 논의를 포기해서는 안 된다는 것이었다. 학문과 예술은 합리적이고 기계적인 법칙에 따르는 것이 아니라 마음과 정서의 내면으로부터 자기 방식대로 언제나 새롭게, 깜짝 놀랄 만큼 자유롭게 발생한다. 학문과 예술은 미학에서 기본적으로 아르테스 리베랄레스artes liberales, 즉 아름다운 기예, 아름다운 학문이라고 일컬어진다. 이들은 전인全人을 추구하며, 그에게서 생명력 넘치는 운동성이 잘 표현될 때 그를 좋아하고 아름답다고 생각한다.

바움가르텐이 주목하는 것은 근본적으로 한 명의 자유로운 인간이다. 그의 이러한 사상은 『미학』의 주요 모티브인 "행복한 미학자felix aestheticus"(Ae §27)라는 말에서 특히 잘 드러난다. 감성적 차원을 인정하는 '행복한 미학자'의 그 행복감 속에는 인내심을 다 소진한 오랜 기다림 뒤의 어떤 편안함 같은 것이 감지된다. 생명성과 개방성, 그리고 예민한 감성 속에서 인간 중의 인간이 될 수 있는 저 복 받은 자가 마침내 기꺼이 인정받게 되었다. 해방된 인간, 바로 그 속에 행복이 존재한다. 그는 어떤 확고한 기준으로 평가되는 것이 아니라, 상황에 따라 늘 새롭게 자기 개인의 힘과 직접적으로 관계를 맺는 가운데 드러난다. 미학적 인간은 '아름답고 고상한 정신ingenium venustum et elegans connatum'(Ae §29)이라 할 수 있다. 그는 감각 능력과 예민한 감응력, 그리고 변화에 대한 유연성 등에 따라 각기 다른 기질로 파악된다. 그는 말을 통해 감동시키는 능력을 지닌 자로 특징지을 수 있다. 또 그는 오랜 시간을 두고 개인적으로 겪었던 일련의 생의 과정을 따라갈 인내심을 지닌 자이다. "타고난 미학자"에게는 "그에게 의미 있어 보이면서 또 그를 기꺼이 움직이게 만드는 인식인 정감의 능력이 속해 있다."(Ae §44) 넓은 의미에서 보자면 저 유명한 빙켈만은 행복한 미학자 중 한 사람이다. 그는 경험적이며 실존하고 있는 것들, 개별적인 것들에 대한 명확한 관찰법을 고전 그리스의 조형 예술에 적용하고 있다. 그렇게 함으로써 그는 단순히 낡은 박물관의 느낌에서 벗어나 신선하고 획기적인 방식으로 오늘날까지 또 앞으로도 영향을 미치고자 했다. 괴테 역시 이를 알아보고 인상적으로 서술하고 있다.

미학자의 자질을 갖춘 사람이 자신이 처한 매 상황을 기반으로 어떠한 활동을 이어 나가는지를 살펴보면, 그는 그때마다 상황에 대한 해석을 하고 있었다는 사실이 드러난다. 해석은 수용적이든 생산적이든 현존재가 의미를 요구하고 있다는 사실을 잘 보여 준다. 그렇다면 미학은 전체 실천 철학의 토대라 해도 좋을 것이다. 개별적 인격성에 속하는 하나의, 때에 따라서는 탁월한 계기가 처음부터 함께 작용함으로써 세계는 충만한 의미를 지닌 존재로 이해될 수 있다. '아름다운 영혼ingenium venustum'의 형용사 '베누스툼'에는 비너스가 함께 하고 있다. 빌란트, 실러, 니체, 마르쿠제와 마찬가지로 바움가르텐 역시 비너스(아프로디테), 에로스, 뮤즈, 그라치에와 동행하는 삶을 청했던 것이다. 로코코의 장난스러움을 벗어나 하나의 우아하고 매혹적인 존재가 간청되니, 이미 기원전 7세기 콜로폰의 시인 밈네르모스는 빛나는 아프로디테가 없다면 삶은 살 가치가 없을 것이라고 노래한 바 있다.

따라서 미학은 엘리트적 주관성의 특권도 아니요, 또한 도무지 알 수 없는 예술 창조에 관련된 어떤 전문 분야도 아니다. 미학은 가상이 아니며 우리와 아무런 상관이 없는 것이 결코 아니다. 그와 정반대로 미학적인 것은 이미 일상의 핵심적 차원으로서 현실 일반을 경험하고 구성할 근거를 마련한다.

반성의 쾌, 이성의 힘, 자율성 : 칸트의 상징

미학의 의미가 전반적으로 명증하게 드러나기 위해서는 더 많은 작업들이 요구된다. 미학은 철학의 부수적 분과에 그치는 것이 아니다. 바움가르텐이 본래 보여 주고자 했고 또 실제로 보여 준 것은 인간적 세계 이해의 다양한 가능성들을 새로운 가치로 정립하기 위한 시도이다. 감성은 오성 및 이성을 통한 파악으로부터 (일단 부분적으로나마) 해방되었다. 이제 감성은 자율적으로 작용하고 평가하고 스스로 표명되고 전달되는, 그러한 (내적) 주관성의 원천적 근거로 간주된다. 그 전에는 없던 독립적 미학이 등장할 수밖에 없었던 그 필연성은 보편적 목적론의 해체에서 비롯된다. 상위의 보편 이성을 통한 규정이 계속 사라질수록, 개인으로서 모든 개별자들은 세계와 대화를 나누며 자기 현존의 해석자가 된다. 그토록 넓고도 자유롭게 이 독특한 능력을 펼칠 기회는 일단 미적 경험으로 주어진다. 그리고 그와 함께 일어나는 교양의 도야는 미적 교육의 단초가 된다. 이러한 생각을 대표하는 사람은, 숨길 필요도 없이 프리드리히 실러라는 이름을 가진 사람이다. 그의 『인간의 미적 교육에 관한 편지』는 18세기 가장 중요한 철학적 저술로 손꼽힌다. 이에 대해서는 다음 장에서 언급하도록 하겠다.

미와 숭고의 감정

그 전에 임마누엘 칸트에 대해서 논의해 보자. 미학으로 향하는 근대의 전환점에서 만일 칸트의 영향력에 주목하지 못했다면 아마 다시 논의를 시작해야 할 것이다. 칸트가 없었다면 실러도, 피히테도, 헤겔도, 셸링도, 또한 쇼펜하우어도 없었을 것이다. 19세기의 철학은 본질적으로 쾨니히스베르크에서 태어난 이 철학자와의 논쟁으로 이루어져 있다. 그리고 (헤르더, 훔볼트에서 시작하여 니체, 하이데거, 가다머, 호르크하이머, 플레스너와 리오타르에 이르기까지) 새로운 '근본학'인 미학에 대한 논의들은 계속된다.

한편 칸트는 미학이란 말을, 이를테면 자유를 비롯한 그 외의 주요 이념들과 마찬가지로 다층적인 의미로 사용한다. 일단 미학은 경험론적-심리학적 의미에서의 취미 비판과 쾌의 형식론으로 등장한다. 즉 미학이 다루는 미감적인 것은 그것이 경험된다는 한에서, 혹은 학술적 용어로 표현하자면, 그것이 아포스테리오리 *a posteriori**하게 존재하는 한에서 의미를 지닌다.

당대의 다른 사상가들과 마찬가지로 칸트가 탁월하게 생각했던 18세기의 주요 저술은 더블린 출신의 에드먼드 버크가 청년기에 쓴 『숭고와 아름다움에 관한 우리 이념의 기원에 대한 철학적 탐구』이다. 이 책은 경험 및 감각과 관련된 경험론적-

*아 포스테리오리(a posteriori), 아 프리오리(a priori) : '아 포스테리오리'는 '보다 뒤의 것으로부터', '아 프리오리'는 '보다 앞의 것으로부터'라는 뜻이다. 전통적으로 전자는 '결과에서 원인으로', 후자는 '원인에서 결과로'를 의미하였으며, 근대 이후로는 각각 '후경험적', '선경험적'으로 이해된다. 일반적으로 '후험적', '선험적'으로 번역되기도 한다.

심리학적 미학, 아울러 인간학적-계몽주의적 미학의 유형을 다루고 있다. 특히 미와 숭고가 기본 범주로서 서로 구분된다는 사실이 강조된다. 미는 사랑과 공감과 함께 만족과 즐거움, 호의와 베풂 등으로 작용한다. 이는 다음과 같은 버크의 말에서 확인할 수 있다.

> 나는 아름다움을 하나의 사회적 특질이라고 부른다. 왜냐하면 남자나 여자, 혹은 어떤 동물들을 바라보면서 기쁨이나 만족의 감정을 느낄 때마다(그리고 이런 일은 꽤 많이 일어난다), 우리에게서는 그들에 대한 상냥하고도 애정 어린 마음이 동시에 흘러나오기 때문이다. 그렇게 하지 않을 특별한 이유가 없다면, 우리는 그들을 우리 곁에 두고 싶어 하고 그들과 기꺼이 관계를 맺는다. (ES 68)

이와 달리 위력적이거나 경악을 일으키는 자연 현상의 형식 속에서 일어나는 숭고의 감정은 일상적으로는 자신의 개체성을 보존하려는 경향에 관련되기도 하고 고독과 관련되기도 한다. 다시 인용문으로 돌아가 보자.

> 어떤 방식으로든 고통과 위험의 관념을 불러일으키는 모든 것, 여하튼 끔찍하거나 그러한 대상과 관련된 모든 것, 어쩌면 공포와 유사한 방식으로 일어나는 모든 것, 이 모두는 숭고의 원천이다. 그것은 우리가 느낄 수 있는 가장 강력한 [내적인] 움직임을 불러일으킨다. (ES 64)

이는 결국 감정과 고통에 대한 상세한 서술이다. 그 밖에 사회와 개인, 공공성과 개인성 간의 구분이 명확하게 지적된다. 말년의 버크는 영국의 정치인이자 프랑스 혁명에 대한 보수적 비판자로도 유명하다.

칸트의 가장 중요한 전前 비판기 저술인 『아름다움과 숭고에 관한 고찰』은 버크의 저술에 직접적으로 맞닿아 있다. 이 책에서는 인간을 깊이 감동시켜 고상하게 행동하도록 하는 자연의 아름다움이 선두에 위치한다.

> 눈 덮인 산봉우리가 구름 위로 솟아올라 있는 모습, (…)
> 꽃이 만발한 들판, 굽이치며 흐르는 계곡, 풀 뜯는 한 무리의
> 가축들이 어우러져 있는 풍경, (…) 여름 저녁의 한가로운 정적,
> 밤의 어두운 갈색 그림자 속에서 흔들리듯 별이 반짝이고,
> 둥근 얼굴의 보름달이 외로이 떠있을 때 (…) (GSE A 4 f.)

후後 비판기, 그러니까 세 권의 거대한 비판서들을 모두 완성함으로써 철학에 하나의 새로운 근거를 마련한 뒤에도 칸트는 처음 그랬던 것처럼 미학을 어떤 선험적인 의미가 아니라 경험적이고 일상적인 의미로 다룬다. 그의 이러한 생각은 강의록 『실용적 관점에서 본 인간학』과 『교육학에 관하여』에서 주제적으로 등장하고 있다. 이는 하나의 주제를 이룬다.

직관 형식의 이념, 기념비적 비판서에 다가서기

그렇긴 해도 선험철학의 영역은 경험적 영역과 완전히 구분된다.

미감적인 것 역시 모든 경험에 앞서는 한에서 이와 동일한 방식으로 다루어진다. 이러한 아프리오리a priori한 미학은 칸트의 유명한 제1비판서 『순수 이성 비판』의 선험적 원리론 제1부 '선험적 감성론'으로 등장한다. 그것은 칸트의 전체 비판서의 기념비를 세울 토대를 마련함과 동시에 그에 이를 첫 관문을 열어 준다. 감성적 직관의 두 가지 순수 형식, 즉 공간과 시간의 난해한 문제를 다루는 이 부분은 (바움가르텐의 감성적 인식에 대해) 회의를 품으며 구성된, 이를테면 비-감성적 미학이다. 칸트는 이를 "아프리오리한 감성의 모든 원리들에 대한 학문"(KrV B 35)이라고 칭한다.

그런데 (경험을 완전히 벗어나는 형이상학도 아니면서) 도대체 어떻게 경험하기도 전에 가지고 있을 수 있다는 말인가? 이는 곧 칸트가 인간 정신을 (라이프니츠와 볼프, 그리고 바움가르텐이 그랬던 것처럼 그렇게) 단지 보편을 판명하게 그려 내는 능력으로가 아니라, 자발적이고 창조적인 주관성으로 파악하고 있다는 사실을 전제하고 있다. 경험 일반의 가능 조건으로서 오성은 결코 텅 빈 거울이 아니다. 대상은 선험적 범주표에의 적용이 이루어지고, 또 '통일적 통각'이 주관적 구성 요소들을 종합해 줌으로써 비로소 주어지게 된다. (칸트는 물자체나 무제약자를 모든 가능 범주로부터 제외시킨다. 따라서 그것에 대해서는 어떤 말도 할 수 없다.) 이제 선험적 의식은 자신의 무전제적 통일성을 개별성이 아닌 절대적 무차별성으로 드러낸다. 선험적 주관성의 이러한 무차별성, 바로 이 속에서 독일 관념론이 한 목소리로 요청하는 이성적 인간의 근거가 마련된다. 그런 한에서 관념론은 칸트로부터 시작된다.

이미 언급했듯이, 원리에 따라 대상으로 인식될 수 있는 것은 선험적 감성론을 통해 미리 결정되어 있다. 즉 주관에게 대상은 지적 직관의 도움으로 공간과 시간 속의 현상으로 주어진다. 이렇듯 모든 사물은 종합적 산물이다. 즉 여기에는 주관이 감성적으로 촉발한 것과 자아가 최초 인상으로 자발적으로 떠올린 것, 이를테면 일차적으로는 직관의 형식으로, 그 다음엔 오성의 범주로, 마지막으로는 이성의 이념으로 떠올린 것이 함께 결합되어 있는 것이다. 이와 같이 인식은 결코 직접적으로 대상에 연결되는 것이 아니다. 주관이 인식하는 것은 눈 깜짝할 사이에 사라져 버리는 현상에 불과하다. 이 현상에 대해 직관은 표상을 제공하고, 또 여기에 오성의 범주인 개념이 연결된다. 그리고 그 개념에 이성의 이념이 연결된다. 이렇듯 모든 생명체는 감성의 도움으로 외부 세계를 이해하고 소통할 수 있다! 특히 인간에게서 감성은 순수한 직접성을 넘어 이미 선험적 감성론 속에서 이해되고 있다. 이에 대해서는 『순수 이성 비판』의 1-8단락에서 논의된다.

칸트는 『논리학』 강의에서도 인식이란 감성에서 비롯되어 직관으로 존재하거나 오성에서 비롯되어 개념으로 존재하는 것이라고 명확하게 설명하고 있다. 여기서 수용성으로서의 감성적 직관은 자발성으로서의 개념적 해명보다 낮은 서열을 지닌다. 감성은 단순히 사유를 위한 재료를 공급해 줄 뿐이다. 그럼에도 이들 두 인식 방식들, 즉 직감적-직관적 방식과 추론적-개념적 방식에게는 각자의 완전성이 인정된다. 즉 감성의 법칙에 따른 인식은 미감적으로 완전한 인식이며, 오성의 법칙에 따른 것은 논리적으로 완전한 인식이다. 칸트의 말을 직접 보자면,

> 인식의 논리적 완전성은 그것과 대상의 일치에 기인한다. 보편타당한 법칙에서 비롯되어 아프리오리한 준칙들에 따라

판단된다. 미감적 완전성은 주관과 인식의 일치에 있으며, 인간의 특수한 감성에 근거한다. 따라서 미감적 완전성에는 어떤 객관적이거나 보편적으로 통용되는 법칙들이란 발생되지 않는다. 이와 관련하여 그것은 모든 사유하는 존재에 공통적으로 해당되는 방식으로 아프리오리하게 판단된다. (Log VI/A;A 46)

이와 같이 미감적 판단을 (현상학적으로는 그리 충분한 것 같지는 않지만) 구성적 종합적 논리학에 정향시켰음에도 불구하고, 칸트는 인식의 미감적 완전성과 논리적 완전성 사이에는 결코 지양될 수 없는 대립이 존재한다는 사실을 인정한다. 이에 대해 칸트는 다음과 같이 상술한다.

> 오성은 배우려 하고 감성은 활기차게 움직이려고 한다. 첫 번째 것은 통찰을 요구하고 두 번째 것은 이해를 요구한다. 인식이 무엇인가를 알려 주고 있다면, 그런 한에서 그것은 분명 기본적이다. 그런데 그것이 계속 유지되고 있다면, 그것은 분명 아름답기도 하다. 어떤 진술이 아름답지만 피상적이라면, 그것은 단지 감성일 뿐 오성에 속하지는 않는다. 반대로 그것이 기본적이긴 하지만 무미건조하다면, 그것은 단지 오성일 뿐 감성에 속하지는 않는다. (Log A 48)

인간 본성의 곤궁한 상태와 그것에 대한 폭넓은 이해 가능성을 염두에 둔 칸트로서는 두 개의 [논리적, 그리고 미감적] 완전성을 서로 연결시키는 일이 불가피했다. 이를테면 논리적으로 완전한 인식은 미감적 형식을 통해 다른 모든 완전성들의 기초를 비롯하여 하나의 확실한 대중적 기반을 획득하게 된다는 식으로 말이다. 물론 자극이나 감동을 주는 수사는 대단히 조심스럽게 사용해야만 한다. 그렇지 않으면 주관성이 만연되어 논리적 완전성은 축소되고 말 것이다.

매개하는 정신

그러나 이것만으로는 충분치 않다. 인식 상의 최고의 선험적 요소는 소위 이성의 규제적 원리이다. 이것이 없으면 직관과 오성에서 나온 저 지식은 무질서하고 무의미하게 될 것이다. 따라서 결과적으로 모든 측면에서 보다 높은 곳으로 올라가려는 (실천적-도덕적) 요청이 제기된다. 이러한 생각은 이미 라이프니츠가 선취하고 있다. 그는 자연적 필연성의 물리적 영역 위로 하나의 다른 세계가, 즉 자유로운 세계, 은총이 내려진 도덕의 왕국이 일어서는 것을 보았다. 그러나 인간의 궁극적인 규정을 자유의 왕국에서 밝히는 것은 비판적이고 학문적인 이성의 영역을 벗어나는 일이다. 따라서 한 개인이 과연 어떤 조건 하에서 자유롭게 행위하고 인간성의 규정에 따르는지를 밝히는 일은 실천 이성에게 부과된다. 하지만 칸트는 예전부터 그가 보여 주었던 회의론자 내지 실재론자의 입장에서, 과연 실천 이성에게 통합하는 힘이 있는지 의심했다. 따라서 그 뒤 1780년대가 거의 끝나갈 때쯤, 칸트는 마침내 세 번째이자 마지막 비판서 속에서 자신의 전체 철학, 특히 이론적 측면과 실천적 측면으로 제시된 선험 철학적 저술들을 종합하는 일에 착수한다.

이로써 미감적인 것의 중요성이 다시금 부각된다. 철저하게 매개의 심급으로 작용하는 미감적인 것은 그 자체로 생동적으로 움직이는 것으로서, 여기서는 칸트가 '정신'이란 말로 강조했던 인간의 숨길 수 없는 생명이 거론된다. 따라서 실제적으로 사유의 이성적 측면이라고 하는 것은 무한히 뻗어 나가려는 경향을 지니고 있는 것으로서 하나의 개별적 인식으로 완전하게 수렴될 수가 없다. 즉 사유 그 자체는 늘 넘어설 뿐, 하나의 대상으로 고정될 수 없는 것이다. 말 그대로 이성적 의식에 무한자가 닥쳐온다. 마침내 칸트의 내면은 무한한 경탄으로 가득 차게 된다. 쾨니히스베르크에 있는 칸트의 무덤에는 다음과 같은 유명한 비문이 적혀 있다.

> 갈수록 내 마음을 보다 더 큰 감탄과 경외심으로 채워 주는 두 가지, 아무리 생각해 보아도 그것은 반짝이는 별들로 가득한 내 머리 위의 하늘과 내 안의 도덕 법칙.

필연성의 왕국에서 자유의 왕국으로 가는 길은 마음 안에서 꿈틀대는 저 생명력을 타고 이어진다. 그 생기를 미감적 정신은 상상력의 도움을 받아 개념이나 언어로 완성해 낸다. 『판단력 비판』의 과제는 바로 이러한 것을 설명하는 일이다. 앞선 두 비판서들에서 오성과 이성은 자신들의 규제적 특성에 한정되어 있었던 만큼 양자의 상호 작용이 언제나 문제였다. 따라서 이들 양자를 비롯한 모든 이원적인 것들, 즉 이론과 실천, 자연과 자유를 연결시켜야만 했다. 방대한 비판 작업에 임하여 마침내 지와 의지의 가능 범위를 분명하게 획득한 자, 그에게는 실로 전체의 의미와 목적에 대한 물음이 존재하고 있었던 것이다. 칸트는 '나는 무엇을 알 수 있는가?', '나는 무엇을 행해야만 하는가?', '나는 무엇을 희망해도 좋은가?'라고 묻는다. 결국 이러한 물음을 던지고 또 그러는 가운데 자신을 보존하는 자아의 입장에서 이 모든 물음들은 언제나 있어 왔던 하나의 열린 판단으로 귀결된다. 그것 역시 하나의 간명한 물음이다. '인간이란 무엇인가?'

그런데 모든 물음을 종합하는 이 마지막 물음에 대한 답을 과연 미학의 영역에서 찾을 수 있는 걸까? 칸트의 합리주의와 도덕주의, 그의 형식주의와 신념 윤리가 미학적으로 수용될 수 있을까? 인간 자신의 현존의 의미를 묻는 보편적 지평인 미학으로 향하는 길에서 칸트는 분명히 망설이고 있다. 자유의 왕국에 이르는 길을 취미의 영역에서 개척하는 동안 칸트의 미학은 일단 17세기의 도덕적으로 환기된 '취미Geschmack'(프랑스어로는 'goût', 스페인어로는 'gusto', 영어로는 'taste')에 관한 이론을 수용하고 있다. 그 뒤 자신의 사유를 계속 진척시켜 나가면서 칸트는 과거에는 판정하는 힘vis aestimativa이라 칭했던 '판단력'을 핵심 개념으로 내세운다. 근본적으로 칸트에게 미감적 경험은 판단[형식]으로 표현되는 심의력들의 활성화이다. 판단력이란 지금 여기에서 마주하고 있는 존재인 특수자를 보편자 아래에 포섭시키는 능력으로 정의된다. 이때 중요한 것은 [특수자 및 감각 자료들에 관련하는] 감성과 [보편자 및 개념에 관련하는] 오성 사이의 유희 작용, 즉 양자의 매개 작용이다. 이 유희 작용은 구체적인 지각에서 어떤 보편자를 계속해서 생각해 내는 과정이다. 그리고 이 모든 과정을 거쳐 마침내 경험에 대한 해석이 산출된다. 이에 대해 칸트는 "마치 어떤 하나의 오성이 다양한 자연의 경험적 법칙들을 통일하는 근거"(KU, 2 Einl. IV, XXVIII)를 지니고 있는 것처럼 그렇게 독특하게 표상된다고 말한다. 이는 곧 경험이란 원자화된 사태나 전체 자연이 아니라 판단력의 도움으로 완성된다는 것을 의미한다. 판단력은 서로 다른 것을 마치 그들 사이에 어떤 관계나 의미가 있는 것처럼 해석하는 능력이다. '마치 ~인 것처럼als ob'이란 구문으로 잘 드러나듯이, 판단력은 서로 다른 다양한 것들을 하나로 통일하는 능력인 것이다. 그런데 이러한 사고는 근대적 사고의 전형적 특징이기도 하다. 이미 스피노자는 '마치 ~인 것처럼' 구문을 사용하여 존재론적이고 객관적인 이성 합리주의로부터 벗어났다. 그 전까지는 사유의 통일체와 세계의 통일체는 직접적이고 실제적으로 일치한다는 생각이 당연시되었다. 그러나 칸트를 포함하여 이미 17세기 지성들에게 이러한 완전한 일치는 하나의 가설이자 허구라고 여겨진다. 사물들을 완성하고 또 그것들을 상호 관련시켜 하나의 만족할 만한 해석을 내놓는 일은 주관 자신이 할 일이다. 이론과 실천의 종합, 자연과 이성의 통일, 이를테면 목적을 세우고 단일화시켜 나간다는 지고했던 사유는 예전에는 객관적인 것이라고 취급되었을지 모르지만 이제는 허구로, 언제나 놀라움을 자아내는 구상력으로 축소된다.

이성적 자연, 고상한 감성

그런데 여기에는 말 그대로 근본적인 문제가 있다. 헤겔 역시 실재와 이성을 매개하는 일의 어려움을 '이성의 간계'라는 시적인 말로 호소한 바 있다. 미학을 언제나 합리성의 측면에서 판단력의 능력으로부터 유도해 결국 (주관적) 목적론으로 해석하는 사람은

임마누엘 칸트, 익명의 화가가 그린 유화, 1790년

언제나 허구에 봉착하게 된다. 다른 쪽이 강해지면 그만큼 이쪽이 약해지게 마련이다. 따라서 이 곤란한 상황 속에서 인간성을 수호하기 위해 위험을 감수해야 할 자는 바로 상상력과 취미의 능력을 갖춘 감성적 인간이다. 삶은 단지 유예적으로만 미래에 연결될 뿐이다. 이를 알게 되면 그 미래를 확인하려는 초월적인 노력은 결국 멈춰 버릴 것임에 틀림없다. 더 이상 인간은 끝없는 목적 지향적 존재가 아니다. 목적론은 기껏해야 주관 안에, 정확히 말하자면 주관의 상상력과 판단력 안에 존재할 뿐이다. 그러나 느낌이 사라지면 취미는 조야해지고 모든 것이 흩어져 무참하게 무너져 버린다.

이성적 자연과 고상한 감성을 염두에 두었던 칸트는 미적 경험에 얼마만큼의 합리성이 포함되어 있는지를 알고자 했다. 그 무엇보다 이성적 영역에 관심이 있던 이 체계주의자는 그것을 판단 속에서 발견한다. 이성적 인간의 미적 경험을 그는 다음과 같은 식으로 확신하고 표명한다. 일단 판단은 반성에 근거하여 발생한다. 반성 활동은 정신의 활동으로서, 서로 다른 계기들 사이를 이리저리 거닐며 사색하다가 그것들을 비교, 연결하고, 그렇게 비교, 연결한 것들을 다시금 비교하여 그것들을 공통적인 것, 이를테면 주어 등의 말로 재차 연결하려는 활동이다. 이처럼 반성하는 사람은 언제나 가능성들의 유희 공간에서 활동한다. 그는 서로 일치하는 것은 함께 두고 그렇지 않은 것은 버리는 과정을 밟으며 상위 단계로 나아간다. 상이한 것들을 일정하게 세워 두고 그때그때 상황에 맞게 일치시킨다. 판단이 내려지면 그것은 반성 활동이 종결되었음을 의미한다. 이로써 서로 어긋나 있던 그 자리에 마침내 하나의 문장이 들어서게 된다. 그런데 판단을 내릴 그 마음은 도대체 어디서 오는 걸까? 무엇 때문에 주관은 판단하는 걸까? 칸트가 말하길, 그것은 "일반적으로 종합하는 활동을 의도하는 가운데" 일어난다. 즉 판단은 자신의 실제적인 의도에 따라 서로 다른 것을 연결하여 가치와 의미를 표명하는 활동인 것이다. 형이상학적 동물animal metaphysicum의 최정점은 바로 이 지점이다. 숨 쉬고 있는 한 모든 사람은 경험에 대해 늘 마음을 쓰고 있다.

하이데거에 의해 환기되듯이, 미감을 판단과 연결하고 경험을 반성과 연결하는 일은 이외에도 주목할 만한 면이 있다. 미감적 태도에 대한 칸트적 해석의 핵심은 "반성의 쾌"(KU §§ 57, 59)라는 모순적인 말에서 지적될 수 있을 것이다. 반성의 쾌로 인해 칸트는 "인간이 비로소 자기 본질의 무한한 충만"을 달성한 그러한 "인간 존재의 근본 상태로" 돌입한다고 말한다(HN Bd. I 133). 반성의 쾌라는 이질적인 조합, 이 기묘한 혼합의 정체는 무엇인가? 인간의 본질을 완전하게 규정할 기회가 왜 꼭 그 속에 있다는 것인가? 그런데 반성의 쾌를 강조하려면 감각적 즐거움이라는 일상적 쾌 역시 거론해야 할 것이다. 이는 철학자들의 오랜 관심사이기도 했다. 이미 아리스토텔레스와 에피쿠로스는 윤리적 측면에서 '활동적 쾌'와 '정적인 쾌'를 구분한 바 있다. 라이프니츠 역시 감각의 쾌를 넘어서는 정신의 쾌가 있음을 통찰했다. 칸트의 '반성의 쾌'는 에피쿠로스가 말한 '활동적 쾌'의 반복으로서, 선험철학에 남은 쾌락주의의 잔재라 할 것이다. 한편 칸트에게서 '정적인 쾌'는 평범한 조건에서는 전혀 존재하지 않는다. 무조건적인 순수한 만족은 오로지 절대성 안에서만, 즉 자신 안에서 항존하는 불변의 존재 속에서만 획득될 수 있다. 이것은 순수한 지성이 완벽한 질서를 통찰했을 때 갖게 되는 지적인 만족감이라 해도 좋을 것이다. 예를 들어 총 2부로 이루어진 괴테의 『파우스트』 '천상의 서곡'(v. 243-270)에서 대천사 라파엘이 찬양하는 가운데 젖어드는 만족감이다.

> 태양은 태고의 방법 그대로
> 친구의 형제들과 노래 소리 견주며,
> 자신에게 정해진 여행을
> 천둥 같은 걸음으로 완수하도다.
> 누구도 그 이치를 알 수 없지만,
> 그저 바라보기만 해도 천사는 뿌듯한 힘을 얻는구나.
> 헤아릴 수 없는 거룩한 성업은
> 최초의 날이 그랬듯 눈부시게 웅장하도다.

이러한 완전성의 표상은 예지적, 초감성적 기체로서 모든 현상의 기초를 이룬다. '정적인 쾌'는 어느 누구도 직접 향유할 수는 없지만 잠재적인 표상으로 늘 생생하게 보존되고 있다. 감각적 만족의 집착으로부터 풀려난 인간은 반성하고 판단하면서 구조와 관계, 의미를 인식한다. 그리고 그렇게 경험을 쌓아 가면서 도야와 세련의 과정을 겪게 된다. 그러는 가운데 그는 감각적 인상을 통해 얻어지는 단순한 쾌감을 넘어 고양된다. 그리고 정말 놀랍게도 다양한 경험들이 하나의 공통적인 원리를 지시하고 있다는 사실을 인식하자마자, 그는 드디어 칸트가 말하는 "진정한 쾌"를 느끼게 된다. 취미, 위트, 즐거움이 바로 여기에 있다. 쾌를 느낀다는 것은 인간의 본질 내에서 하나의 의도가 작용하고 있었고 적게나마 그것이 충족되었다는 사실을 증명한다.

감성화된 도덕적 이념에 대한 판정

칸트의 미학을 이끄는 판단력은 결국 실천 이성(즉 도덕)의 법칙 아래로 들어간다. 이러한 사정은 『실천 이성 비판』에서 발견할 수 있다(A 119-126). 전반적으로 이러한 고양에 대한 서술이 긍정적으로 제시되어 있지는 않다. 여기서는 최종선을 향하여 어떠한 규정이나 강요도 없이 자유롭게 행위하고 존재하려는 목적을 지니는 일종의 해방이 중요한 문제로 다루어진다. 자유는 정말 불가해한 문제이다. 계몽주의자 칸트가 성경을 들고 있는 모습은 어떤 그림으로도 도저히 상상할 수 없다.

따라서 감각 자극은 미감적인 것에서 결국 도덕적 관심으로 이행하기 시작한다. 플라톤과 다르지 않게 이제 미감적인 것은 "도덕적으로 선한 것의 상징"(KU § 59)이 된다. 동시에 취미는 결국 "감성화된 도덕적 이념을 판정하는 능력"(KU § 60)으로 간주된다. 칸트에 의해 미감적인 것은 보편적 인간성과 영원한 평화라는 '유토피아'의 임무를 담당하게 된다. 실제로 칸트는 자연의 왕국에서 자유의 왕국으로의 이행은 "강제적인 도약 없이도 가능하다"(KU § 59)고 단언한다. 하지만 시련 없이는 갈 수 없다는 사실, 도덕적인 길은 "오직 이성이 감성에 가하는 위력[폭력]을 통해서만"(KU § 29, B 120) 오를 수 있다는 사실을 간과해서는

임마누엘 칸트, 크리스티안 다니엘 라우흐의 기념상, 1857년, 칼리닌그라드

안 된다. 그의 후기 저술에서도 언급되어 있듯이 심지어 "인간은 주인이 필요한 동물이다." 인간의 "이기적인 동물적 성향"을 볼 때, 인간은 "각자의 의지를 꺾고 모든 이들이 자유로울 수 있는 그러한 보편타당한 의지를 따르도록 하는 그러한 주인이"(GWA 6 Satz) 필요하다. 따라서 칸트의 사유를 "감성적 차원의 전 범위를 이해하기에 가장 좋은 부분"(Marcuse, TG 173)이라고 하는 것은 순진한 생각이다. 감성 영역은 위력이 가해지더라도 분명 자유롭게 유지될 수 있을 것이다. 실상 위력의 발휘는 정말로 열망했던 하나이자 모든 것이 마침내 모습을 드러낼 때처럼 전적으로 감각적 현상에 속하지 않는가? 물론 칸트의 요구를 잘 들어 보면 그는 선한 존재의 실현이 아니라 단지 그것의 상징화만을 제안했을 뿐이라고 조심스럽게 말할 수도 있을 것이다. 그런데 위력을 요구하면서도 만일 그것이 (일단) 자기 자신에게'만' 가해진다면, 그때는 분명히 상징화에서 벗어나게 된다. 이미 아우구스티누스, 베이컨, 라이프니츠가 숙고한 바 있고 헤겔과 마르크스가 재차 언급했듯이 위력은 내부에서는 자유의 상실을, 외부에서는 공포를 조장한다.

이런 전혀 비생산적인 요구를 제외하면, 물론 너무 심하게 체계화하고 자의적으로 잘라 내는 바람에 너무 많은 (이질적인) 부분들로 쪼개져 있기는 하지만, 그럼에도 『판단력 비판』의 주된 관심사는 어쨌든 하나의 이행, 즉 자연과 자유, 오성과 이성의 연결이다. 판단력은 그 자체 오성과 의지 사이의 표상력들의 질서 속에서 매개 역할을 한다. 판단력은 소위 건전한 인간의 오성인 공통감에 내적으로 연결되어 개념의 적용을 지향하고 그것을 위한 규칙을 모색한다. 그런데 바로 이러한 지평에서 '쾌 불쾌의 감정'과 같은 감정들이 발생한다는 사실은 합리적 정합성, 엄밀한 논리, 그리고 빈틈없는 체계 위에서 사유했던 칸트에게 실로 "수수께끼"(KU, Vorr. IX)였다. 어쨌든 판단력이 끊임없이 이행의 작업을 실행하고 있다는 사실은 분명하다. 이러한 방식으로 인간은 최고선을 향하여 무규정성에서 벗어나 어떠한 규정에 이르는 길 위에 서게 된다. 그 스스로 자유로이 결정할 수 있는 그러한 길에 말이다.

결국 칸트의 『판단력 비판』은 본질적으로 인간적 가능성의 한계 여부를 다루고 있다고 정리할 수 있을 것이다.

아름다움을 통해 자유로 : 실러의 미적 교육

현대의 본질적 문제는 앞선 시대, 특히 18, 19세기에 뿌리내리고 있다. 그 문제의 진단명은 미학이며 역시 미학으로 치료된다. 타락한 인간성을 자연으로부터 새롭게 규정하려 한다거나 거침없이 밀려들어 오는 변화와 자기 파괴에서 벗어나 통합과 연대에 도달하려 하는 등, 실천적-인간학적 철학은 미학적 토대 위에서 자신이 나아갈 방향과 힘을 만들고자 한다. 이 같은 보편적 과제를 제시한 첫 번째 사상가는 칸트이다. 근대의 정신이 미학으로 전환되는 데 있어 가장 핵심적인 역할을 한 칸트는 미적 경험의 반성을 위한 인간의 능력을 매개 및 연결 작용으로 제시했다. 미감적 영역과 합리적 영역을 연결하려는 칸트의 이러한 기획에 가장 중요하고도 직접적으로 포함되는 저술이 있으니, 바로 프리드리히 실러의 『인간의 미적 교육에 관한 편지』이다.

예술은, 오 인간이여, 오직 그대만이 가지고 있으니

후에 니체는 자신의 첫 번째 저술인 『비극의 탄생』에서 실러를 자기 시대의 병이라고 묘사한다. 실러는 프랑스 혁명이 품었던 최선의 의도가 좌절되고 계몽의 각성이 만연되어 가는 상황에 맞서 대담한 기획을 세운다. 시인이자 철학자이며, 한때 하급 군의관이었다가 역사학자로, 또 대학 교수로도 활동했던 실러는 역사 철학의 영역에서 하나의 문화 철학적 기획을 전개한다. 이때 미적인 것은 교양을 위한 탁월한 수단이자 정치의 치료제가 된다. 한 인간을 고양시키는 그 [미적인 것의] 힘에게는 "자유의 땅에서 자유의 민족과 함께 일어나라"(괴테, 파우스트, II 5, v. 11580)는 자유로운 이성 국가의 비전을 영속시켜야 할 임무가 부여된다. 그의 이러한 기획은 초기에 발표된 그의 철학적인 시 「그리스의 신들」이나 「예술가들」 등에 잘 제시되어 있다. 얌부스* 형식의 총 481행 32연으로 이루어진 초대형 시 「예술가들」의 유명한 첫 연은 정치, 법, 그리고 학문 사이에 퍼져 있는 자연 지배에 관련하여, 승리를 쟁취한 계몽의 수많은 수확물들을 다소 역설적으로 꼼꼼히 묘사하고 있다.

> 얼마나 아름다운가, 오 인간이여, 그대의 종려나무 가지로
> 그대는 오랜 세월의 잔해들을 바라본다
> 고결하고 의기양양한 자태,
> 탁 트인 감각과 눈부신 명민함,
> 온화한 진지함과 자비로운 침묵을 지니고 있는,

* 얌부스(Jambus) : 고대 그리스 시학에서는 '음절들의 양', 즉 '음절의 장단'에 따라 운율이 정해졌다. 장음절 롱굼(longum)과 단음절 브레베(breve), 그리고 이들보다 다소 자유로운 장-단음절 안셉스(anceps)가 기본 요소를 이룬다. 이 음절들은 서로 결합하여 일정한 박자 계열을 형성한다. 박자는 시의 가장 작은 형식 단위이다. 얌부스는 단/장으로 이루어진 박자 계열을 말한다. 한편 게르만어 시학에서는 음절들의 장단이 음절들의 강세(Akzent)로 작용하게 된다. 강한 음절(Hebung)과 약한 음절(Senkung)을 기본 요소로 하며, 따라서 얌부스는 약/강격 박자를 말한다.

시간의 성숙한 아들이여;
이성으로 자유로워지고, 규범으로 강해지며
친절한 손에서 성장하고, 보물을 지녀 부유하도다;
오랜 시간 침묵을 지키고 있던 그대의 마음,
자연의 주인이여, 자연은 그대에게 매료되었다;
수천 번의 싸움을 거치며 그대의 힘에 익숙하게 되었으니,
그대의 지휘 아래 야만을 벗고 찬란하게 솟아오른다! (v.1-12)

이러한 찬사에 이어 보다 근본적인 것, 즉 예술에 대한 주목이 이어진다. 예술은 일반적으로 절대적으로 정립되며, 보다 지고한 것들, 가령 자유, 조화, 인간성과 같은 것들에 근거한다. 예술로 인해 인간은 동물과 초인 사이의 그 자신인 바, 인간이다.

부지런함에 있어서는 꿀벌이 그대를 가르칠 수 있고,
능숙함에 있어서는 벌레가 선생이 될 수 있지만,
그대의 지식은 오직 선택된 영혼들과 공유하나니,
예술은, 오 인간이여, 오직 그대만이 지니고 있다. (v. 29-33)

그 뒤로 이어지는 모든 합리적인 것들은 부수적인 것들이다. 그것은 이미 오래전에 미적인 형식 속에서 충분히 달성되었던 관계를 보다 사려 깊게 재발견하는 것일 뿐이다.

수천 년이 지난 후에 마침내,
노쇠해 가는 이성이 생각해 내었네,
아름다움과 위대함의 상징 속에 이미 있었던 것을.

오성은 한참 더 어리구나. (v. 42-45)

오직 예술만이 유한한 현존으로 살아가야 하는 인간을 세속에서 벗어날 수 있도록 도와 준다. 예술은 천국의 영원한 보증이다.

천상의 존재들이 자신의 얼굴을 그로부터 돌리자,
그것은, 유일하게 인간적인 것들을,
떠나간 것들, 추방된 것들과 함께
고매한 덧없는 운명 속으로 에워쌌다. (v. 70-73)

예술의 사제로 헌신하는 자들에게 이제 비로소 천상의 행복한 찬양이 울려 퍼진다.

그 — 수백만 가지의
가장 순수한 것을 — 자신들의 임무에 바쳤던 복된 기쁨;
(…)
영광스러운 걸음에 그대들은 기뻐하도다,
드높은 질서가 그대들을 일으켜 세웠나니!
아득한 정신의 세계를 향한
인류의 첫 걸음을 그대들은 염원하도다! (v. 91-102)

분명히 몰락할 것임에도 그들은 이 아름다운 길을 계속 걸어간다.

계속해서 올라간다, 계속해서 더 높은 곳으로
창조하는 천재가 흔들흔들 나아갔다.

> 사람들이 목도하는 바, 창조로부터 창조가 소생하고,
> 조화로부터 조화가 소생하는구나. (v. 254-257)
> (…)
> 앞으로 나아가는 인간은 상승하는 날개를 지니고 있으니,
> 감사하여라, 예술이 그와 함께 솟아오른다,
> 저 비옥한 자연으로부터
> 아름다움의 물결이 새롭게 솟구친다. (v. 270-273)

일찍이 고대와 르네상스 인문주의에서 줄곧 거론되었던 내용이 다시금 등장한다.

> 거기서 보았네, 사슬들이 우수수 풀리는 것을,
> 노예에서 벗어나 이제는 인간의 권리를 말하는구나,
> 형제들이 사이좋게 함께 일어나듯이,
> 만만히 성장해 가는 그 어린 핏줄. (v. 375-378)

예술가에 관한 실러의 이 장시에서 국가와 사회, 인간의 존엄성 등은 모두 미적 이상화의 기획 속으로 수렴된다.

완전한 인간학적 관점

실러의 『인간의 미적 교육에 관한 편지』에서 드러난 미적 교육에 대한 이념은 일단 하나의 비판으로 이해될 수 있다. 그것은 루소의 문화 회의주의에 대한, 다른 말로 하자면 특히 계몽에

대한 비판으로서, 실러는 오성의 일방적 전개로 인한 해악을 감성 능력의 교육을 통해 개선시켜야 한다고 생각했다. 따라서 '다의적' 표어인 "사페레 아우데sapere aude"는 실러에게 단순히 합리주의적인 의미만을 지니는, "네 자신의 오성을 사용할 용기를 가져라!"라는 말에 불과한 것이 아니라, 한곳에 국한되지 말고 삶의 모든 면에서 "지혜로워질 용기를 가져라"(Brief 8)라는 의미를 지닌다. 실러가 칸트적 사유의 내용으로 이해하고 있던 자기 규정의 이념이 여전히 지배적으로 남아 있다. 실러는 이념이 이미 자연의 현상 속에 또렷하게 반영되어 있음을 통찰했다. 그리고 현상들은 바로 그렇기 때문에 아름답다고 칭해진다. 따라서 실러는 아름다움, "그것을 통해서 자유로 이행할 수 있기에 [그들은] 미적인 것에 이르는 길을 택할" 수밖에 없을 것이라고 말한다(Br 2). 이와 똑같은 이유에서 인간에게 아름다움과 예술은 역시 중요하다. 이를테면 아름다움은 "인간의 필수 조건"(NA Bd. 20, S. 40)으로서 아프리오리하고 초월적인 지위를 지닌다. 일찍이 초월적 사유를 들려 주었던 경건한 아우렐리우스 아우구스티누스는 진정어린 마음에서, "밖으로 나가지 말고 네 안으로 들어가라. 인간 내면에 진리가 있다" (De vera relogione, 39, 72, 202)라고 충고한 바 있다. 이제 실러는 성서적이긴 하지만 대단히 격정에 찬 문체로 아름다움과 진리에 대해 다음과 같이 발언한다. "밖이 아니다. 바보만이 밖에 찾나니,/ 그것은 네 안에 있다. 너는 그것을 영원히 산출하고 있다." (헛소리들, v. 29 f.)

"일방적인 도덕적 관점"을 지니고 있던 칸트에게서 벗어나 이제는 괴테의 영향 하에서, [실러는] 감각의 진리와 개인의 구체적인 삶이 보다 더 강력하게 "완전한 인간학적 관점"으로 수용되어야만 한다고 생각한다(Br. 4). (실러가 이러한 결론을 간혹 너무하다 싶을 정도로 과도하게 이상적으로 발언하고 있기는 하지만, 이는 분명한 사실이다. 그가 지적인 성취물이 감성적 기초와 인류 전체로 환원되기를 지나칠 정도로 계속 요구했다는 사실을 간과하지 말아야 한다.) 이성과 도덕을 가장 우선시하는 전통 신학과 달리, 실러는 인간이 과연 "어떤 목적을 위해 자기 자신을 소홀히 하는" 그러한 존재일 수 있느냐며 (수사적으로) 반문한다(Br 6). 이는 필수적이고도 현실적인 물음이다. 인간이 돌아갈, 그가 자신의 몸을 맡겨도 될 그러한 목적이 과연 존재하는가? 칸트는 인간을 목적 그 자체라고 분명하게 말하고 있다. 정언 명법으로 표현하자면, "너 자신에게 있어서나 다른 사람에게 있어서나 인격을 언제나 똑같이 수단으로 대하지 말고 목적으로 대하라."(GMS 428f.)

인간이 자신에게 접근해 가는 긴 시간 동안, 오성의 반대편에 있는 의지와 감정이 점차 부각된다. 전통적으로는 의지에 비해 지성이 우월한 것으로 취급되었다. 예컨대 17세기 데카르트에게서처럼, 의지는 자유 의지의 틀에서 합리적인 것으로 파악되었다. 그러나 감정이 대두되면서 의지는 이제 자유 의지라는 주지적 의지가 아닌 갈망하는 의지로 규정되기 시작한다. 이에 대한 근거를 실러는 피히테의 충동 개념에서 발견한다. (1794년 피히테는 예나에서 『학문론』을 출간한다. 당시 실러도 예나에서 활동하고 있었다.) 충동의 힘은 지각된다. 그리고 "감각계에서 유일하게 운동하는 힘"(Br 8)이 중요하게 부각된다. 이제 감정은 하위의 부수적 현상에서 이성의 동반자로 격상된다. 수용성과 생산성이 똑같이 정당하게 요청되는 것이다. "감각의 개방성"과 "오성의 에너지"가 만나 "우리에게 경험을 마련해 준다"(Br 13). 감성적 개방성과 지성의 생산적이고 창조적인 힘이 함께 작용해야만 경험이 완성된다.

> 감수성이 더욱 다양한 측면에서 양성될수록, 또 그것이 더욱 활발하게 움직일수록, 그리고 보다 많은 측면에서 그것이 현상에 드러날수록, 인간은 세계를 더욱 많이 **장악하고** 자신 안에서 더욱 많은 자질들을 길러내게 된다. 개성이 더 많은 힘과 깊이를 얻고, 이성이 더 많은 자유를 획득할수록, 인간은 세계를 더욱 많이 **파악하고** 더욱 많은 형식을 자기 밖으로 산출해 낸다. 따라서 인간의 교육은 다음과 같이 이루어질 것이다. 첫째, 수용하는 능력으로 하여금 되도록 세계와 다양하게 접촉할 수 있도록, 감정의 측면에서 수동성을 가능한 한 높이 끌어올린다. 둘째, 규정하는 능력이 수용하는 능력으로부터 최대한 독립성을 유지할 수 있도록, 이성의 측면에서 활동성을 가능한 한 높이 끌어올린다. 이 두 특성이 하나로 통일되는 그 지점에서 인간은 현존의 완전한 충만과 더불어 가장 지고한 독립성과 자유를 얻게 될 것이다. 또 세계를 대함에 있어서도 자신을 상실하지 않고, 오히려 세계를 그 무한한 현상과 함께 자신 안으로 끌어들여 이성의 지배 아래로 통일시킨다. (Br 13)

감정을 무뎌지게 함으로써 성격을 지키고자 했던 당시의 만연된 생각은 무익한 시도일 따름이다. 이와 반대로 우리가 세계와 실제적으로 접촉했을 때, 모든 소통과 이해의 근거는 바로 이 "욕망의 힘"(Br 13)에 의해 마련된다. 사유와 욕구의 원천은 다름 아닌 "충만한 감수성"(Br 13)에서 발견된다. 실러는 감성 스스로

프리드리히 실러, 루도비크 시마노비츠가 그린 유화, 1794년

"강인하게 자신의 영역을 지키기를, 정신이 뻗어 나가면서 그에게 곧잘 가하곤 했던 그 위력에 맞서기를" (Br 13) 요구한다. 이러한 요구는 철학적 미학에서 보다 뚜렷하게 부각되는 예술가에게 해당되는 요구이다. 예술가는 위력을 행사하고자 하는 철학자들에게 제동을 건다. 그는 맹렬하게 그 폭력에 대항하지만 사람들은 알아채지 못한다. 칸트 이전에 이미 베이컨은 자연에 대한 인간의 지배를 '아는 것이 힘이다'라는 말로 정당화하면서 '쓸모 있는 새 세상'을 위한 끔찍한 폭력을 기획한다. 그 뒤 (마르크스에 앞서) 헤겔은 철학을 정립하는 동안 아무런 거리낌도 없이 개인에게 폭력을 가하기도 한다. 그러나 실러는 그렇게 하지 않는다. 그는 위력을 위법이자 주제 넘게 아는 척하는 이성의 간섭이라고 생각한다. 정신은 도대체 기다리려 하지 않고 늘 앞질러 나간다는 것이다.

그럼에도 다른 한편으로, 실러는 단순한 유미주의자 역시 거부한다. 유미적 비도덕주의, 예술을 위한 예술l'art pour l'art의 의미는 이미 18세기 유미주의를 대표하는 빌헬름 하인제의 서간 소설 『아르딩겔로와 복된 섬들』에서 고대 및 르네상스의 이념에 도취되어 본능적 감각을 노래한 한 편의 찬가에서 발견된다. 그러나 실러는 횔덜린의 『휘페리온』에 등장하는 선구자[시인]만큼은 비판하지 않는다. 유미주의는 스윈번, 월터 페이터, 오스카 와일드, 위스망스, 바르베 도르비이, 고티에, 보들레르, 단눈치오, 말라르메, 프루스트,

게오르게 등 다음 세대의 작가들에게서 재발견된다.

놀이가 답이다

실러는 양단 간의 어느 한 편이 아니라 감성과 이성 사이의 균형을 중요하게 여긴다. 영국의 도덕주의 철학자 섀프츠베리와 유사하게, 실러의 핵심 과제는 이러한 균형을 유지하는 것이다. 실러의 놀이 개념은 이와 관련된 미학적 핵심어이다. 그것은 칸트적 개념인 반성의 쾌를 대신하는 것으로, 감성과 이성은 바로 놀이에서 서로 매개되어 보편적 조화를 달성한다. 놀이 속에서는 일상이 아닌 어떤 특수한 상황이 펼쳐진다. 카이로스의 시간과도 같은 복된 기회, 그 카리스마적 순간, 바로 그 순간에 인간은 자신을 망각한 채 임의적인 우연한 존재도 또 불가피한 필연적 존재도 아닌 자로서 "단지 규정 가능성의 상태"에 놓이게 된다(Br 20). 이것이 바로 놀이이다. 놀이는 하나의 '중간', 하나의 '사이'를 열어 준다.

이미 플라톤과 칸트가 그랬던 것처럼, 실러 역시 "미적인 규정 가능성"에 도덕적 요청을 부가한다(Br 21). "감성적인 인간을 이성적으로 만들기 위해서는" 그를 "우선 미적으로 만들어야만" 한다(Br 23). 이외에는 달리 방법이 없다. 이는 가령 [괴테의] 목가적 분위기의 희곡 『토르크바토 타소』에서 원죄 이전의 순수한 황금시대를 노래한 "무엇이든 좋아해도 된다Erlaubt ist, was gefällt"는 말이 보이는 순수한 유미주의자적 태도와 정반대로 들린다. 지금까지 논의되었던 철학 어디에서도 이러한 모습은 발견할 수 없었을 것이다. 이제 막 물음을 던지기 시작한 미학 역시 여전히 관습적인 모습을 띠고 있다. 실러에게서 우리는 인간이 놀이를 하는 가운데에서도 언제나 염두에 두어야 할, 미학을 넘어선 도덕적 요구를 듣게 된다. "인간은 아름다움으로는 오로지 놀이만을 해야 하며, 오직 아름다움으로만 놀이해야 한다."(Br 15) 가혹한 현실과 동떨어져 있는 미적인 것의 영역은 아름다움의 도움을 받아 놀이라고 하는 독특한 존재 방식을 허용하고 또 요구한다. 실러는 놀이와 아름다움이 특별히 더 연합해야만 하는 이유를 인간학적이고 윤리적인 측면에서 바라본 인간성 개념에서 도출해 낸다. 멋들어진 교차 형식으로 말하길, "인간은, 그 말의 완전한 의미에서, 인간인 한에서만 놀이하며, 또한 놀이하는 한에서만 온전한 인간이다" (Br 15). 실러의 미학과 삶을 위한 가르침은 바로 이러한 주제 의식 위에 세워진 것이다. 열다섯 번째 편지에서 그가 찬가조로 말하고 있듯이, 이러한 사유는 고대 그리스의 고전주의가 제시하는 미적이며 종교적인 인간에서부터 비롯되었다. 고전주의적 원형은 "노래 속에서 영원히 죽지 않고" 살아 있으며(그리스의 신들, v. 127), 어느 시대에나 잘 맞는 형상으로서 현재의 소재가 될 수 있다고 한다. 시간이 갉아 먹은 파편들 위로 해맑게 떠오르는 아름다움 덕분에, 예술가는 오염되지 않고 순수하게 남아 있는 예술을 필연적이고 영원한 것으로 바라본다. 그 눈 들어 올림푸스 산을 바라보니, 하루를 여는 아침놀 서서히 밝아 오는 모습 보인다.

> 진리가 획득한 승리의 빛을 가슴 저 깊은 곳으로 보내기도 전에, 시를 짓는 힘은 그 빛줄기를 움켜잡는다. 골짜기엔 아직도 축축이 젖은 밤이 내려앉아 있지만, 인간성의 봉우리는 눈부시게 찬란하다. (Br 9)

이와 같은 상태에서 예술가는 "승리하는 진실"(Br 9)을 자신의 내면으로부터 꺼내 미적인 형식으로 만들기 위한 휴식과 인내, 힘을 얻는다고 한다. 그리고 사변 이외에 감각도 그 아름다움으로 드러난 진실의 현상을 붙잡아야만 한다고 한다. 이로써 본질적인 것, 즉 승리하는 진실은 단지 머리로 파악하는 것이 아니라 생생한 감각으로도 낚아챌 수 있다는 사실이 분명해진다. (그래서인지 실러의 작품들에서는 희곡이 가장 탁월하게 평가된다. 시문학 역시 간과할 수는 없는데, 특히 후기의 웅대한 철학적 서정시는 널리 감상된다. 수필은 어느 정도 인정을 받지만, 서사시는 그다지 큰 영향을 주지 못한다.) 칸트에서와 유사하게도, 미감적 지평에서 감성을 다른 곳으로 옮겨 주는 상징이라는 수레가 움직이고 있으니, 마침내 "가상이 현실을, 예술이 자연을 극복"(Br 9)한다. (감성적인) 소재 충동과 (정신적인) 형식 충동의 대립 그 사이에서 (미감적) 놀이 충동이 매개적으로 작용하고 있다. 바로 여기서 "시간 안에서 시간을 지양하고, 생성을 절대적 존재와, 변화를 동일성과 결합시키는" 유토피아가 드러난다(Br 14). 이 얼마나 엄청난 일인가!

자유 개념의 방향 전환

미적 가상을 통해 자연, 현실, 시간을 초월하려는 이 이상주의적 요구에 대한 근거를 마련하기 위해, 실러는 라이프니츠, 칸트, 그리고 피히테의 사유를 수용하여 "자신 및 그것의 결정적 속성들"(Br 11)로 구성된 하나의 복합적인 인간학을 전개한다. 그의 이론은 결코 가볍게 연구할 만한 것이 아니고 다 설명하기 어려울 정도로 많은 내용들을 다루고 있다. 실러의 변증법을 작동시키는 계기는 관념론적 양극성이다. 존재와 생성, 개인과 사회, 이념성과 실재성, 유한자와 무한자, 형식과 질료, 수용력과 생성력, 반성과 행위 등의 이원성 말이다. 이에 대한 설명이 이어지면서 실러의 저술은 무척 까다로운 철학적 작업이 되어 버린다. 우리는 시적인 그물을 엮고 있는 몇몇 매듭들만을 살펴보기로 한다.

일단 확인할 수 있는 것은, 실러는 개인, 감성, 감정을 최고로 생각하기 때문에, 모든 것을 능가하는 자유의 견지에서 경험적-실천적인 것을 선험적인 것보다 우선시한다는 사실이다. 그런데 이러한 생각은 자유 개념의 방향이 바뀌었다는 것을 의미한다. 즉, 자유가 물질적 한계로 구체화된 종속적 자유로 변한 것이다. 칸트 역시 간혹 자유를 그런 식으로 생각하기도 했다. 그가 『실천 이성 비판』(B 831)에서 말하고 있듯이, 일반적으로 보면 자유는 초월적 의미를 지니고 있지만 실천적 영역에서는 전혀 그렇지 않다는 것이다. 칸트의 이러한 생각과 동일하게 실러 역시 인간적으로 구현된 자유는 초월적 자유의 "자연적 가능성"으로 볼 수 있다고 생각한다.

> 모든 오해를 방지하기 위해, 여기서 자유가 언급될 때마다 그것은 지성적 존재라 할 인간에게 필연적으로 부여되어 있어서 그에게 주어질 수도 또 빼앗을 수도 없는 그러한 자유를 말하는 것이 아니라, 그의 혼합된 본성에 근거하는 그러한 자유를 말하는 것임을 밝혀 두는 바이다. 인간은 일반적으로 오직 이성적으로만 행동한다는 사실을 통해서 그는 첫 번째 자유를 증명한다. 인간이 질료의 한계 속에서는 이성적으로, 그리고

이성의 법칙 하에서는 물질적으로 행동한다는 사실을 통해서 그는 두 번째 자유를 증명한다. 우리는 두 번째 자유를 첫 번째 자유의 자연적 가능성을 통해 설명할 수 있을 것이다. (Br 19)

미적 교육의 의미는 바로 이 미적 자유로부터 나온다. 따라서 인간의 능력을 양성한다는 것은, 그 능력이 세상의 사물들에서 취미를 발견하고 아름다움을 느끼며 그것을 보다 높은 현존으로 형태화할 수 있도록 기회를 제공하는 일이다. 이런 점에서 실러의 생각은 육체적인 미를 (도덕적, 정치적인 의미를 지니는) 선의 표현이자 모든 덕스러움을 포함하는 개념으로 보았던 그리스의 칼로카가티아 사상에까지 이르게 된다. 또한 그의 생각은 '**우오모 우니베르살레***uomo universale*'라는 르네상스적 인간관도 포함하고 있다. 이것은 일단 인본주의자, **마기스터 아르티움***magister artium*, 모든 자유 학예에 능통한 자, 답답한 책상물림에 제격인 자, 무미 건조한 스콜라학자, 지나치게 현학적인 공부 바보의 이미지를 가지고 있지만, 또 다른 한편으로는 다방면에 재능이 있고, 사회적으로 규정되지 않는 자유로운 개인이라는 뜻 역시 지니고 있다. 발다사레 카스틸리오네의 『호프만 서』 이후로, 미적으로나 윤리적으로 잘 교육받은 그런 탁월한 인간의 사회적인 전형은 그라시안의 『영리한 사교가』를 거쳐 프랑스 고전주의의 '**교양인***honnête homme*'으로 나타난다. 그리고 18, 19세기에 접어들면 **신사***gentleman*로, 그리고 상업이나 스포츠에서 발휘되는 신사의 **페어 플레이** 정신으로 바뀌게 된다. 실러는 미적 교육의 특징을 민활한 감성, 명석한 지성, 우아한 언변, 자유로운 인간관계, 품위 있는 행동 등이라고 생각한다.

한편 실러는 미적으로 교육되고 함양된 인간은 자기 자신이 그런 것처럼 "자기 주위의 모든 것"도 자유롭게 하려고 애쓸 거라고 생각한다(Br 23). 그리고 그렇게 할 때 아름다움은 감각적으로 현상되는 자유가 된다. 아름다움이 감각 능력에 연결됨으로써 그동안 극도로 진하기만 했던 반성과 극도로 흐리기만 했던 추상 모두에게 "감각성으로 돌아갈 길"이 열리게 된다. 아름다움은 단지 관찰하기 위한 형식에 불과한 것이 아니다. "우리는 아름다움을 느낌으로써 사는 존재"이다. 아름다움은 헤어날 수 없는 "인간의 육체적 속박"(Br 25)으로 인해 [그로부터 벗어나기 위해] 초월적으로 요청된 인간의 필수적 "조건"(Br 10)이다. 교양인이란 "감각과 정신, 수용력과 형성력이 조화롭게 균형"을 이루고 있는 자를 말한다 (Br 26).

무한성의 전조

감각하는 자로서의 인간과 동물로서의 인간은 정확히 일치하지도 않고 또 그중간도 잘 떠오르지 않는다. 오히려 인간은 언제나 이미 해석하고 있는 자로서, 개별적으로 드러난 지각된 형태에 만족하고 그 속에서 놀이하는 자이다. 그렇게 함으로써 그는 인간 본연의 가능성을 실현한다. 그는 견고하게 존속하는 세계의 본질로부터 풀려나 자신 앞으로 다가온 저 유한한 존재들과, 역설적으로 들리겠지만, '진지하게' 놀이한다. 사물의 가상을 지어 가면서 그는 세계 속으로 들어가고 또 세계에서 다시 자신에게로 돌아온다. 이러한 과정 속에서 그는 단지 "그가 수용하는 것에" 기뻐하는 것이 아니라 "그가 행하는 것에" 기뻐한다(Br 26).

예술이 보다 독립적이고 보다 솔직하게 미적 가상으로 존재하면 할수록 그것은 보다 더 가치 있고 정당한 역할을 수행하는 것이다. 실러가 가르치기를(실러 이후로는 프랑스의 조르주 바타유 정도가 유일하다), 가상과의 놀이 속에서 인간의 삶은 가장 풍요롭고 찬란한, 충만한 잠재성을 펼쳐 보인다. 디오니소스적 도취 속에서 모든 억압이 해제되고 "무한성의 전조"가, "그 자체로 목적이자 수단인 자유로운 운동"이 일어난다(Br 27). 노래와 춤, 우정과 사랑, 자유와 배려는 중용의 길을 제시한다. 실러는 이를 천년 왕국과도 같은 '제3의 왕국'이라 말한다.

> 힘들의 무시무시한 왕국 한가운데에, 그리고 법칙들의 거룩한 왕국 한가운데에 미적인 형성 충동은 놀이와 가상에 기뻐하는 제3의 왕국을 아무도 모르게 건설한다. 그리고 거기서 인간을 옥죄고 있던 온갖 관계들의 사슬을 떼어 버리고, 물리적인 것에서든 도덕적인 것에서든 강제라 불리는 모든 것들을 그에게서 벗겨 낸다. (…) 자유를 통해 자유를 주는 것이 이 왕국의 기본 법칙이다. (Br 27)

결국 "아름다운 가상의 왕국"이 "건강한 상식의 넓은 하늘 아래로" 확장되고, 만물은 "인간 사회 전체의 공동 재산"이 된다(Br 27). 과거 플라톤의 『국가』에서 설명된 공동체의 이상형들이 다시금 소환되어 나온 것처럼 보인다. 그럼에도 실러는 스물일곱 번째인 마지막 편지 말미에서 [이러한 아름다운 가상의 왕국과 같은] 유토피아는 실로 하나의 내적인 "필요로서 (…) 극히 섬세한 영혼 속에서나" 만날 수 있다고 말한다. (말 그대로 환상의 단체와도 같은)

“몇 안 되는 정선된 모임”을 제외하고는 “아름다운 가상의 국가”는 어디서도 찾을 수 없다. 오로지 놀이와 예술, 춤에서만 여타의 영역이나 행위에서는 수용되지 않았던 것들이 가치를 지니게 된다. 레싱의 계몽주의적인 “인류의 육성”과 달리 실러의 미적 교육은 소수의 사람에게만, 그리고 그의 ‘미적 가상의 왕국’은 유토피아로만 남아 있다.

> 어떤 다리도 닿지 못하네,
> 아, 내 머리 위의 하늘은
> 결코 땅에 닿지 않을 테니,
> 저곳은 이곳이 아니다. (순례자, v. 32-36)

실상 모든 예술은 종교와 마찬가지로, 우리를 보다 나은 삶으로 초대하면서도 [가상일 수밖에 없는] 그것의 형상적, 언어적 특성으로 인해 그 자신의 실질적인 정체성은 내세우지 못하는 것 아닌가? 환희, 분노, 기대 혹은 환멸, 그 어느 것이 되었던 예술이 표현하는 것에는 어떤 역설적인 것이 존재하지 않나? 예술(과 종교)이 존재와 가상 간의 이러한 아포리즘을 과연 벗어났는지, 이는 오늘날 꼭 제기해 봐야만 할 물음이다.

> 본질이 빠진 가상이란 무엇이란 말인가,
> 현상하지 않는 본질이란 무엇이란 말인가.
> (괴테, 자연의 딸, v. 1006 f.)

이러한 아포리즘이 실러의 심중에도 꽂혀 있다는 사실은 당시

프리드리히 실러, 크리스티안 프리드리히 티크가 조각한 흉상, 1802년

성공을 거둔 낭만적 비극 『오를레앙의 처녀』에서 잘 나타난다. 주인공은 정치와 문화, 인간성에 대한 이상적인 비전을 '시적 알레고리'에 따라, 미네르바라 불린 새로운 팔라스 아테네로, 아름답고 고상하며 세련된 젊은 여인의 몸으로 제시한다. 그런데 인간적 상황으로 말하자면 이것은 과연 무슨 말인가? 역시 존재와 가상의 변증법에 사로잡힐 수밖에 없는 것인가? 지금 여기에 존재하는 지극히 범속한 인간과 저 또 다른 세계에 대한 찬양의 표현인 머리 위 "허공에 뜬 무지개"(『오를레앙의 처녀』, v. 3536)는 죽어 가는 요한나의 마지막 말로 이해될 수 있다.

> 무거웠던 갑옷이 날개옷 되어
> 하늘로- 하늘로- 돌아가는 저 대지의 비상-
> 고통은 짧고 기쁨은 영원하도다!
> (오를레앙의 처녀, v. 3542-3544)

비록 주관적으로 세워진 기획이긴 하지만 실러의 이 대담한 기획은 [동시대와 그 이후를 두루 비추는] 등대와도 같다. 그의 기획은 피히테, 헤겔, 횔덜린, 그리고 셸링이 몸담았던 독일 관념론에서 재차 다루어지고, 슐레겔과 노발리스 등의 낭만주의에서 새롭게 검토된다. 또 키에르케고어의 저주에 빠졌다가도, 이내 니체의 세계관, 딜타이의 해석학, 마르쿠제의 해방 사상, 로티의 실증주의, 아울러 젊은 하버마스의 근대 기획에 대한 의사소통론적 재구성 등에서 유효하게 확인된다.

모색과 재발견 : 반계몽에서 낭만주의로

18세기 바움가르텐과 칸트를 통해 미학이 정초되고, 시인이자 사상가인 실러를 통해 그 의미를 점차 획득해 나감으로써, 19세기 후반에는 미학의 핵심적 논의가 이루어질 수 있었다. 그중 대표적인 사상가인 키에르케고어와 니체는 반계몽, 질풍노도, 낭만주의, 관념론 등 소위 독일 고전주의라고 통칭하는 그 간의 전개 국면을 모르고서는 이해될 수 없을 것이다.

이 시기에 나온 여러 저술들과 사상들을 체계적인 질서 하에서 한번에 파악한다는 것은 어려운 일이다. 따라서 레싱, 멘델스존, 빌란트, 바켄로더, 야콥 프리드리히 프리스, 장 파울, 이그나츠 파울 비탈 트록슬러, 슐라이어마허, 로젠크란츠에 대해서는 여기서 다루지 못했다. 그들을 비롯한 많은 사람들이 미적인 것에 대한 철학을 위해 많은 기여를 했다. 아쉽긴 하지만 여기서는 미적 경험의 반성과 현실을 엮어 낼 수 있는 그 매듭들만을 살펴볼 것이다.

미학의 핵심 : 하만, 격정에 찬 문체

먼저 동프로이센의 쾨니히스베르크에서 잠시 동안 칸트와 함께

요한 게오르크 하만, 익명의 화가가 그린 초상화

활동했던 사상가, 요한 게오르크 하만을 짧게 살펴보기로 하자. 목욕탕집 아들이었던 하만은 대학 공부를 중도에 그만두고 가정 교사로 일하다가 상점의 직원이 된다. 그 뒤 쾨니히스베르크의 프랑스 관세청에서 하급 공무원이자 서기(번역가)로 일한다. 그의 작품 『마구스 인 텔로니오(관세청의 별 보는 자)』는 하만의 자전적인 이야기이다. 하만은 당대 유럽의 언어들 외에도 희랍어, 히브리어, 아랍어를 구사할 수 있었다. 학문적인 이력도 없고 유복한 중산층이 아니었음에도 그는 당대의 지성인들과 자주 교류했다. 그를 격분시켰던 논쟁의 대상은 추상적인 합리주의였다. 질풍노도 속에서 이루어졌던 그의 작업은 말 그대로 아방 라 레트르avant la lettre(미완의 상태)였다. 암시와 역설로 가득 찬 격정적이고 묘사적인 그의 문체는 이를 잘 보여 준다. 그래서인지 하만은 자신의 생각을 한 권의 책으로 엮어 내지 않았다. 단지 즉흥적으로 작성한 문서들, 누군가의 저술에 대한 비판이나 평론들, 예를 들어 헤르더나 칸트에 대해서라든가 아니면 문헌학과 정서법 등에 관한 글을 특정인에게 보내는 식이었다. 언어와 사태 사이의 연관성, 이해의 관점, 대화에 유리한 순간 등을 예민하게 감지할 수 있었던 하만은, 모든 언어란 한순간으로만 존재하기에 결코 반복할 수 없는 일회적인 것이라고 생각했다. 모든 언명들은 개인과 사회 사이를 오고가면서 다의적인 상징이 된다. 따라서 키에르케고어나 니체보다 훨씬 전에 이미 하만에게서부터, 언어를 수단으로 하는 매개는 간접적일 수밖에 없었다. 근대적 전형인 (예술가적) 언어관은 형식 논리적 언어에 반대하며 비유나 은유를 더 가치 있는 것으로 생각한다. 따라서 사회적 관습 안에서 한 개인이 자신의 생각을 전달하는 것과 관련해서는 양식의 문제가 불가피하게 제기된다.

자칭 '북방의 현자' 하만에게서 우리는 "미학의 핵심", 미학의 정수를 발견할 수 있다. 즉흥적이고 환상적인 광시곡을 보는 듯한 그의 서술은 "격정에 찬 문체"로 내용을 전한다. "역설학力說學, Emphasiologie"이라고도 하는 그의 글쓰기에는 감탄 부호 외에도 각종 기호들이 난무하기가 니체를 능가한다. 하만의 '미학적 문체'는 잠들어 있는 영혼에 폭풍을 불러일으키는 각성의 글이다. 이 격정에 휩싸인 연사에게 인간의 본성은 마치 죽어 있는 것처럼 보였다. 그에게 그들의 "죽어 있는 언어"(Ästh., N II 211)는 그다지 열정적이거나 묘사적이지 않았던 것이다. 생기론적이고 영적인 입장에서 비판하는 하만에게 전통 철학의 모습은 칸트식으로 표현하자면 "마치 죽어 있는 듯"(Ästh., N II 206)했고, 사물의 생생한 현재를 경험하지 못하게 하는 것 같았다. 따라서 그에게서 일찍이 몽테뉴가 그랬고 나중에는 니체가 그랬던 것처럼, 선험적 이성의 추상적 경향과 반대로 세계에 대한 인간 이해의 조건이 환기되기 시작한다. 이때 우위를 점하는 것은 언어이며 그것은 전적으로 이성의 표준이 된다. 칸트에게 엄청난 수수께끼였던 감성과 오성의 두 줄기는 결국 선험적 상상력에 의해 매개되었는데, 하만은 이러한 매개가 언어에서 이루어진다고 생각한 것이다. 이러한 측면에서 하만의 작업은 『판단력 비판』이 제기했던 문제로 인해 형성된 독일 관념론의 사변적 사유만을 선취하고 있는 것이 아니다. 즉 이외에도 그는 신학적이고 신비주의적인 방식으로 태초와 종말을 관념론에 연결하였는데, 즉 신적인 것과 인간적인 것 사이의 대화, 보다 분명하게 말하자면 "언어의 성체Sakrament"를 태초와 종말론적인 윤곽으로 그려 보인다(Ästh., N III 27, 288). 요컨대 하만은 철학을 언어에 관한 사유로 전환시키고자 했던 것이다. 그럼으로써 철학은 이성에 대한 구체적 설명을 자신의 과제로 삼아, 생동적이고 감각적인 언어의 공통감을 추구하게 된다. 이것이 곧 형상적 언어, 포에지Poesie이다. 하만은 이를 "인류의 모국어"라고 칭한다 (Ästh., N II 197).

지나친 추상화가 아니라 살아 있는 현재성이야말로 개인의 경험을 위해 반드시 필요한 것이라는 사실, 바로 이것이 미학의 정수이자 진실이지 않은가? 본래 인간은 숨을 쉬며 사는 개별적인 생명체이다. 인간의 이러한 사정은 오직 구체적으로 경험될 수만 있을 뿐, 개념적으로 보편화될 수 없다. 인간과 인간적 사물들을 자기 주변에 둘 수도 없고 또 그와 접촉할 마땅한 방법도 없으니, 누군들 그러한 경험을 그만두고자 하지 않겠는가?

감각의 환희 : 헤르더

하만의 친구이자 18세기의 커다란 사유 축을 담당하고 있는 요한 고트프리트 헤르더는 독일의 사상가들 중에서도 좀 특이한 사람이다. 직업으로 보면, 후에 그는 교회의 고위직인 작센 바이마르아이제나흐 교구의 총감독 자리에 오른다. 물론 개인적으로도 종교적 색채가 강하게 느껴지는데, 그는

요한 고트프리트 헤르더, 루드비히 스트레커가 그린 유화, 1755년

[동프로이센] 모룽겐(오늘날 폴란드의 모라크)의 가난한 집안에서 태어나, 프로이센의 부목사로 재직한 바 있다. 쾨니히스베르크 대학에서 신학을 공부하면서 칸트의 수업을 듣고 루소를 비롯한 프랑스 백과전서파의 저술들을 독서했다. 아울러 친구 하만의 제안으로 베이컨과 흄 등 영국의 경험론을 공부하기도 했다.

그는 바이마르와 예나에서 툭 튀어나와 당대의 유명한 사상가들을 논박해 들어간다. 쾨니히스베르크 대학 시절 칸트 교수를 시작으로 실러, 그리고 슈트라센부르크에서 만나 일찍이 친구가 된 괴테 등이 그의 주요 논쟁 상대였다. 괴테로서는 헤르더의 글이 점차 고통스럽게 느껴졌다. 그러나 남부 여행에 대한 괴테의 열망을 더욱 고취시킨 사람은 자칭 "배 위의 철학자"(Journal 13)이자 사후[1846년]에 출판된 1769년 『여행기』의 저자 헤르더였다. 늘 새로운 개혁을 추구하는 지식인 헤르더는 독일의 문학적, 예술적, 역사적 의식이 생성되는 데 결정적인 역할을 담당한다. 특히 셰익스피어와 호메로스를 재발견하는가 하면, 성서 텍스트를 역사적 발생사를 지니는 한편의 시로 해석해 내기도 한다. 예를 들어 그에게 『아가서』는 문학적이고 에로틱한 한편의 "사랑 노래"이다. 『언어의 기원에 대한 논고』외에도 헤르더의 『인류사의 철학에 대한 이념』은 중요하고 잘 알려진 저술이다. 총 네 부분으로 나누어 보편사를 서술하고 있는 『인류사의 철학에 대한 이념』은 소위 독일 고전주의가 제시하는 미적인(아울러 기독교적이고 개인적인) 인간의 이념이 어떻게 발생했는지 그 근거를 제공해 주고 있다.

헤르더는 마치 여러 상이한 것들이 유기적으로 펼쳐지는 것처럼 자신의 사유를 전개한다. 그는 성격적으로도 무엇이든 여러 개로 만들길 좋아하는 사람이다. 비코와 하만 이후로 헤르더는 최초의 다중-언어학자이다! 그에게는 역사의 합리주의적 목적론 대신 구체적 사실로서의 의미가 긍정된다. 또한 전통적으로 내려오는 소위 능력 심리학을 수용하지 않는다. 인간을 오성, 감성, 의지와 같은 근본 능력으로 구분하려는 견해에 반대한 헤르더는 하나의 역사적이고 심리학적인 관찰 방식 하에서의 발생사적이고 유기적인 시각을 견지한다. 계몽 그 자체를 계몽하려는 그의 작업은 낭만주의의 주제와 똑같은 지점에서 출발하고 있다. 그러나 그렇다고 해서 그를 한 명의 꿈꾸는 낭만주의자로 묘사하는 것은 적절치 않을 것이다. 오히려 그는 삶과 실존을 절실하게 지향하는 철학을 대표한다. (바이마르 장크트 페터 운트 파울 교회에 있는 그의 무덤에는 '빛 사랑 삶 LICHT LIEBE LEBEN'이라고 적힌 비문이 반짝이고 있다.) 인간 세계에서 우선시되는 것은 세계의 유용성과 향유이다.

세계를 향유한다는 것은 감각적이면서도 정신적으로 세계를 획득한다는 것이다. 향유는 선택, 판별, 조정, 양성 등 짧게 말해 취미에 속하는 것들을 포함하고 있다. 따라서 향유는 깊이 없는 인간의 모습을 말하는 것이 아니다. 그것은 타고난 지혜와도 같은 것으로서, 향유할 수 있는 능력이 주어져 있는 개인의 주요 미감적 표상에 기초된 인간의 고차적인 형식이다. 6행으로 이루어진 괴테의 후기 시 한편은 이러한 사정을 다음과 같이 표현하고 있다.

소유물

나는 알고 있지, 나로서는 아무 것도 갖고 있지 않다는 것을,
내 영혼을 벗어나 자유롭게
날아가려는 사유 외에는.
그리고 운명이 나에게 호의를 베풀어
날 때부터 즐기도록 하는
그 행복한 순간 외에는.

저 유동하는 사유가 첫 번째 '소유물'로 언급되고 있지만(사유Gedanke 속에는 이미 감사Dank란 말이 담겨 있다), 보다 중요한 것은 받기가 아니라 주기이다. 즉 소유가 아니라, 나눔, 내어 줌, 혹은 정신적으로 말하자면 보람 있는 일, 진실하면서도 자유로운 선행, 니체의 차라투스트라가 앞으로 말할 "베푸는 덕", 그리고 축복의 성호를 긋듯이 사물 위에 푸른 수평선을 긋는 그러한 일들 말이다. 쉽게 할 수 없는 이러한 일들로부터 근원적으로 보다 넓은 미학적-윤리적 관점이 발생한다. 금욕적인 태도와는 거리가 멀 수도 있겠지만, 마음대로 세상을 다룰 수 없는 가난한 사람들은 인간적인 것들을 값진 재산으로 생각할 수밖에 없다. 세계를 향유할 수 있다는 것, 그리고 그러한 행위가 유익하다는 생각을 기반으로 어떤 것을 얻으려고 노력하는 것, 이 모두는 그 뒤에 나오는 합리성에 기반한 행위보다 훨씬 더 근본적인 의미에서 생활 세계의 실천 영역을 완성한다.

과거, 특히 아우구스티누스 이래로 라틴어 '프루이frui', '향유하다'의 반대말은 '우티uti', 즉 '사용하다'라는 말이었다. 반면에 사물과의 감정적이고 정서적인 관계를 반영하는 또 다른 말이 있다.

요한 고트프리트 헤르더, 안톤 그라프가 그린 유화, 1785년

'만족(라틴어로는 프루이티오fruitio)'의 반대말은 잘 알고 있듯 '불만(프루스트라티오frustratio)'이다. 물론 미적으로 세계를 경험하고 그렇게 삶을 산다고 해서 불만이 없어지는 것은 아니다. 오히려 그와 정반대이다! (여성이든 남성이든) 살아 있는 모든 존재는 그/그녀의 바람과 필요에 따라 세계에 참여하고 향유하며 또 그것을 자신의 소유물로 만들어야만 한다. 그런데 바로 그렇게 함으로써 쾌락과 고통이 시작되는 것이다.

즐기는 삶과 실존을 미적으로 근거 지은 헤르더에게 현실적인 진로를 택할 의지는 깨지게 된다. 간접적으로 매개될 거라는 생각을 버리고, 근원적인 것으로 돌아가 숙고하고자 한 그는 결국 새로운 신화에 관한 한 권의 책을 쓰게 된다. 민요 수집가이자 번역가로서 헤르더는 순화되지 않은 민중들의 말이나 방언으로 된 노랫말이 합리적인 규칙의 거짓됨, 학자연하는 라틴어의 엘리트적 특성, 그리고 잘 다듬어진 프랑스적 궁정 문화에 맞설 수 있는 힘이라고 생각했다. [그에게] 현실에의 의지라 함은 현실이 아닌 영역에서의 개인을 강조하고 온통 신비한 깊이에서 헤아려지는 감정으로 돌아서는 것을 말한다. 그에게서 인간은 정감적 존재로 이해되는 것이다. 그의 이러한 생각은 그 옛날 프로메테우스 신화 이래 반항하는 인간으로 뚜렷하게 묘사된 바 있는 자율성의 이념을 연상시킨다.

감성론의 측면에서 헤르더는 촉각을 무엇보다 중요하게 생각한다. 최소한 그의 초기 저술들은 촉각을 가장 우위에 두고 있다. (그리고 청각이 두 번째이다.) 헤르더는 촉각을 분명하게 감정이라고 규정한다. 촉각은 가장 원초적인 강렬한 감각으로서 여타의 감각에 가장 앞서는 감각이다sensus principalis. 독일어의 '파악하다begreifen'가 '잡다greifen'라는 더듬는 행위에서 온 것처럼 말이다. 개체의 발육이나 존재의 생성에서 잘 확인되듯이, 무엇이든 붙잡기 시작한 유아는 물건들을 잡아서 입에 가져가는 경우가 많은데, 이처럼 그들은 손으로만이 아니라 혀로도 대상을 '만진다'. 촉각으로부터 최초로 형식에 대한 인상이 생기기에, 촉각은 (물론 미각이나 후각도 그렇긴 하지만, 실로 가장 오래된 감각으로서) 모든 파악하는 활동의 원천이다. 또한 시각이나 청각적 인상보다 착각의 가능성도 훨씬 적다. "말을 듣지 않는 사람은 따끔한 맛을 봐야만 한다"라는 속담 역시 이러한 촉각적 사태를 증명한다.

만지는 기관인 손의 우위는 이미 소크라테스 이전의 철학자 아낙사고라스에 의해서도 언급된 바 있다. 그러나 이와 관련하여 헤르더가 중요하게 생각했던 사람은 지오다노 브루노이다. 브루노는 놀라 출신으로, 잠시 도미니크회 수도사였으나 종교 재판에서 형을 선고받아 1600년대 초 로마의 화형대에서 공개적으로 처형된다. 그 역시 손을 기관 중의 기관organo degli organi이라고 생각했다. 그 뒤 프랑스의 계몽주의자 콩디야크에게도 촉감은 오감 중 유일하게 자기 자신을 통해서 외부 사물을 인식하는 감각으로 인정된다. 20세기의 인간학 역시 감각적-정신적으로 세계를 알아 나간다는 측면에서 눈과 손의 영역에 특별한 관심을 보이고 있다.

감각의 위계론에서 후각, 미각, 촉각은 전통적으로 '하위'

감각으로 인정되는 반면, 청각과 시각은 '상위' 감각으로 등급이 매겨진다. 이러한 위계는 예술의 서열에도 영향을 준다. 촉각적인 것을 우위에 두면 당연히 조소나 조각 등의 조형 예술에 우위가 주어진다. 물론 예술의 위계는 각 시대마다 특징적으로 변화했다. 이탈리아 르네상스 때는 회화 및 조형 예술이 우위를 지녔다(알베르티, 레오나르도 다빈치, 빙켈만 등). 독일 관념론 시대에는 (이미 고대의 위僞-롱기누스도 그렇게 생각했듯이) 시가 우위를 지녔다면, 19세기 낭만주의 시대에는 음악이(쇼펜하우어, 니체, 블로흐), 그리고 20세기, 최소한 카뮈에게서만큼은 다시 조각이 우위를 지닌다.

한편 헤르더의 초기 저술인 『비판의 숲』의 "네 번째 부분"은 실천 미학의 윤곽을 그려 보는 데 중요한 자료이다. 여기서는 합리주의의 자리에 하나의 발생적 사유가 삽입된다. 선험 철학자인 칸트와 달리, 헤르더는 판단을 미적 경험이 발생되는 분명한 장소라고 생각할 수 없었다. 오히려 그는 감각의 점진적인 구축과 반성의 무한성을 강조한다. 그리고 아름다움은 궁극적으로 결코 언급될 수 없다.

헤르더의 저술 중 미학과 관련하여 가장 중요한 것은 『칼리고네, 쾌와 아름다움에 대하여』라는 그의 후기 (마지막에서 두 번째) 저술이다. 그리스어 칼리고네kalligone는 아름다움의 전승과 전파를 의미한다. 그것은 분명히 칸트의 『판단력 비판』에 대한 메타 비판이다. 여기서 미감적인 것은 영혼에 직접 작용하는 힘으로 이해된다. 즉 미감적인 것은 "감각을 직접 열광케" 하려는 목적을 지닌 심미적 작용으로서, 에르곤érgon, 즉 작품을 통해 촉발되는 것이 아니라 에네르게이아enérgeia, 즉 힘을 통해 촉발된다(이러한 생각은 셸링이나 빌헬름 폰 훔볼트의 사유를 선취하고 있다).*『칼리고네』는 말년의 회한에 잠긴 헤르더를 위로해 주는 듯, 젊은 장 파울의 동의를 얻는다. 『미학 입문』의 저자 장 파울 역시 특히나 유머와 환상을 사랑하는 작가이다. 장 파울의 찬동 속에서 헤르더는 질풍노도의 시기(1767-1785)로 진입해 들어간다. 이때는 정감과 환상적인 느낌이 강조되던 시기이다. 이러한 세계관은 질풍노도 외에도 이를테면 감각적 신비주의, 경건주의, 영국 낭만주의 전파, 낭만주의, 그리고 소위 청년 독일(이 명칭은 특별히 미학과 관련된다. 루돌프 빈바르크의 『미학 원정』에서 처음 사용된 말이다) 등에서도 발견된다. 아울러 유겐트슈틸, 신낭만주의, 20세기 초 독일 청년 운동, 나아가 1968년 프랑스 학생 운동(파리 : 상상력에 힘을!)과 1980/1981년 청년 봉기(취리히 : 얼음이 녹는다! 그린란드의 자유!) 등도 마찬가지다. 이러한 운동 속에서 정치적으로 이루어지는 온갖 해프닝이나 행동 등은, 순수한 아나키스트적 힘이라는 감각적이고 직접적인 삶의 특성을, 최소한 순간적이나마 새롭게 다시 획득하려 한다는 점에서 분명히 미학과 관련된다. 모든 청년 운동은 철학의 결핍을 보충하려는 18세기의 미학적 움직임에 단단한 기반을 두고 있다고 할 것이다.

* 이들에게 언어의 발생은 내적 정신의 자연스러운 발로로 이해된다. 특히 하만과 헤르더는 언어를 인간의 민족 정신이나 세계관의 산물이라 생각했다. 이러한 언어관에 영향을 받은 훔볼트는 "언어란 에르곤이 아니라 에네르게이아"라고 정의하기도 했다. 에르곤은 의사소통의 수단으로서의 언어 혹은 그 결과로서의 작품 등을 의미하며, 에네르게이아는 내적 정신이 표출될 수 있도록 지속적으로 작용하는 활동적이고 창조적인 힘을 말한다.

상상력, 아이러니, 사랑 : 프리드리히 슐레겔

낭만주의자 프리드리히 슐레겔은 이성을 뛰어넘어 자유롭게 부유하는 상상력에 주목한다. 그는 상상력을 (미처) 자기 자신을 인식하지 못한 채 여전히 생성 중인 그러한 우주이자 정신적인 것 그 이상이라고 생각했다. 이 외에도 그는 아이러니의 핵심적인 개념을 기획했다. 아이러니는 관념의 과잉 앞에 선 유한자의 감정을 표현하고 있다. 아이러니의 미학은 형이상학이 한계에 봉착했음을 보여 준다. 이제 철학을 한다는 것은 한계에 대한 의식이자 감내하고 있는 부정성의 표현으로서, 신비적이고 상징적인 방식으로 무한자를 유한자로 표현하려는 노력으로 이해된다. 소위 노예와 같은 순종적인 사유는 필시 단편적이다. 따라서 이제 도덕주의적인 움직임은 최소한 부분적으로나마 생철학적인 방향으로 전환된다. 특히 슐레겔은 샹포르의 『성격과 일화』에서 고대 견유학파의 전통이 다시 살아나고 있음을 환영한다. 슐레겔에게 샹포르는 삶에 맞닿아 있는 '진짜 풍자가'로서, "무미건조한 책상머리 학자가 아니라 옛날의 의미 그대로의 진짜 철학자"이다(KA II 161). 그에게 세계에 대한 이해는 전적으로 미적이다. "영원히 스스로를 구성해 나가는 예술 작품"으로서 "세계의 끝없는 유희"를 맨 처음 언급한 사람은 니체가 아니라 슐레겔이다(KA I/II 324). 이 모두는 낭만적 아이러니가 생각하는 가장 깊은 의미인 세계와 삶에 대한 사랑을 가르쳐 준다. 삶과 사랑은 결코 관념적인 것이 아니다. 그것은 영원한 미완의 작업이며 어느 한순간으로 체계화할 수 없는 것이다. 슐레겔은 셰익스피어야말로 이와 같은 언급을 했던 유일한 사람이라고 높이 평가한다. 슐레겔은 문예학자로서의 작업 외에도

프리드리히 슐레겔, 필리프 바이트가 그린 초상화, 1810년

자신만의 독특한 생각을 제시하기도 했다. 내용적으로든 형식적으로든 혁신적이라 할 수 있는 그의 노골적이고 외설적인 작품, 비록 당대 사람들에게는 음란하다고 비판받긴 했지만 이론가 슐라이어마허에 의해 그 진가가 인정된 소설 『루친데』에서, 슐레겔은 전통적인 가부장적 권위에 맞서 동등하고도 자유로운 가족 윤리와 성 윤리를 주장하고 있다.

슐레겔의 저술 중 어쩌면 가장 중요하다고 평가될 수 있는 것은 그 유명한 『신화를 위한 논설』이다. 이 책에서 그는 고대에 비해 근대에는 돌려서 말할 필요도 없이 분명하게 하나의 결핍이 존재한다고 적고 있다. 즉 "우리에게는 신화가 없다"(KA V 312)는 것이다. 따라서 슐레겔은 하나의 새로운 신화가 생겨야 한다고 주장한다. 혼돈을 "사랑과 접촉"시켜 하나의 조화로운 세계로 펼치는 일은 오직 신화만이 할 수 있다. 신화는 무의식적인 것을 직관하게 하는 가장 탁월한 장점을 지니고 있다. 신화는 "자연의 예술 작품"이다. 신화 안에서 일어나는 여러 존재들의 형성과 변형, 관계의 정립, 변신 등은 "자연의 고유한 방법이자 그것의 내적인 삶의 방식"이다. 이는 "전체의 구성"을 보여 주는 것이며, 이러한 측면에서 세르반테스나 셰익스피어의 작품에는 "하나의 간접적인 신화"가 제시되어 있다. 이상과 같은 슐레겔의 말에서 '추측'해 보건대, 신화적인 것은 결국 신비적인 것과 일치하는 것처럼 보인다. "어떤 것을 모방한 것이 아닌 최초의 근원, 완벽하게 해명할 수 없는 그것"(KA V 317)이 있다는 말은 스피노자로 통칭할 수 있는 직관적이고 (완전히) 이해하기 힘든 "신비주의" 내에서 할 수 있는 말이다(KA V 318). 따라서 프리드리히 슐레겔이 미적인 영역을 결국 그리스도의 계시에 종속시키고, 또 원죄 이전의 관계를 회복시키기 위해 개인적 차원에서도 가톨릭으로 개종한 것은 그리 놀랍거나 이해 못할 일이 아니다.

노발리스 혹은 세계의 변신

어쩌면 가장 위대한 낭만주의자는 채 서른이 되어 보지도 못했지만 이미 상당한 양의 작품을 써낸 노발리스일 것이다. 노발리스는 할레Halle an der Saale에서 서쪽에 위치한 만스펠트 주의 오버비더슈테트에서 태어났으며, 본명은 게오르크 필립 프리드리히 프라이헤어 폰 하르덴베르크이다. 그에 따르면 미적인 것은 세계 전체를 변형시킬 수 있는 하나의 매개이다. 따라서 이를 위해서는 현실을 한정하지 않고 가능성으로 정립하는 것이 요구된다. 가능성으로 상상하는 것, 이는 무한자를 동경하는 일이다. 옛날을 그리워하며 쓴 그의 단편 『그리스도 혹은 유럽』에는 "신이 없는 곳은 유령이 지배한다"(Schr III 518)는 유명한 격언이 담겨 있다. 이런 식의 논변은 세계 문학적인 연작시 『밤의 찬가』에도 잘 표현되어 있다. 이 장대한 시는 노발리스가 출판한 유일한 작품이다. 아울러 이러한 주제 의식은 괴테의 『빌헬름 마이스터』를 비판적으로 겨냥하여 쓴 독일 낭만주의의 대표작인 노발리스의 『하인리히 폰 오프터딩엔』에서도 푸른 꽃이라는 낭만적 상징으로, 그리고

노발리스라고 알려져 있는 프리드리히 폰 하르덴베르크, 익명의 화가가 그린 초상화

무한자를 완전하게 성취하고자 하는 동경의 표현으로 살아 있다. 현실을 단박에 뛰어넘을 수는 없다. 모든 것은 지속하면서 서로를 통과하고 서로에게 연결된다. 하르덴베르크의 이러한 궁금증을 해소시킬 개념은 바로 마술이다. '비유의 마술 지팡이'로 모든 존재들을 건드리고, 그 속에서 유사점을 발견하여 그것이 큰 것에서와 마찬가지로 작은 것에도 일치함을 증명하는 것, 그리고 정신과 상상력의 거대한 백과사전을 펼치도록 하고, 실로 세계 전체를 하나의 교향곡으로 울리게 하는 것, 이와 같은 생각은 후기 낭만주의 서정시인 요셉 폰 아이헨도르프의 유명한 4행시에도 잘 표현되어 있다.

마술지팡이

내내 꿈꾸고 있는 모든 사물들 속에
노래 하나가 잠들어 있다,
세계가 노래하기 시작하면,
그대가 듣는 것은 한마디의 주문.

가장 근원적이고 심원한 시문학, 즉 동화라는, 상상력이 생생하게 보여 주는 꿈의 세계로 의식을 되돌리는 것, 여기서 낭만주의적 미학은 무의식적 힘과 접촉함으로써 인간 스스로 완전하게 될 것을 추구한다. "모든 것은 시적으로 되어야만, 말하자면 낭만화되어야만 한다." 『하인리히 폰 오프터딩엔』은 동화의 세계, 새로운 황금시대가 도래할 수 있다고 넌지시 예견한다. 낭만주의자에게는 '상실의 파토스'에서 벗어나 상실된 것을 찾고 "근원적인 의미"를 재발견하는 일이 중요하다. 이러한(분명히 불분명한!) 시도는 "낭만화라는 조작"을 통해서 감행된다. 그것이 도대체 무엇이냐고 묻는다면, 하르덴베르크는 다음과 같이 대답한다.

> 내가 하찮은 것에 높은 의미를, 평범한 것에 비밀스러운 외관을, 익숙한 것에 무한한 가상을 제공할 때, 나는 그것들을 낭만화하고 있는 것이다. 반대로 더 높은 것, 알려지지 않은 것, 신비한 것, 무한한 것이 하나의 익숙한 표현을 얻게 된다. (Schr II 545)

기실 이 말은 "상승과 하강의 교차"를 보여 준다. 또한 그것은 성서에서 언젠가 "골짜기는 모두 메워지고 산과 언덕은 모두 낮아져라. 거친 곳은 평지가 되고 험한 곳은 평야가 되라"(이사야서 40:4)라는 예언의 말로 약속되어 있는 그러한 해방의 표현이다. 멸망이라고도 할 몰락하는 우주와 인간 사이의 대전환 속에서, 새로운 세계는 낡은 질서를 극복하고 보편적 해방의 길로 들어서게 된다. 여기서는 모든 구분이 사라지고 대립은 서로 하나로 화합한다. 이 모든 이야기들이 특히 그의 단편 소설 『자이스의 제자들』 중 "히아신스와 장미 꽃잎"에 관한 동화에서 상징적으로 표현되어 있다. 하르덴베르크는 그 무엇보다 사랑과 세계를 느끼는 일에서부터 출발해야 한다고 생각한다. 야콥 뵈메의 신지학적 저술

『떠오르는 아침놀』을 본 따, 하나의 시석 형태로 완성한 (그가 숙기 일 년 전에 썼던) 시 「초원이 푸르게 물들어 가고」에서 그는 다음과 같이 말하고 있다.

(…)
새로운 왕국이 시작될 것이니 —
흩날리는 꽃가루가 관목이 되고
나무는 동물의 몸짓을 하고
동물은 완전히 인간이 될 것이다.
(…)
봄이 왔음을, 나는 느끼는도다.
단언컨대, 지금 대지 위에서
인간이 신이 되었음을, 나는 알고 있도다.
(…)

오르페우스의 전조 속에서

결국 고대에서 유래된 주제가 재차 확인된다. 우주적인 화해는 미적인 것들을 통해 이루어질 수 있음이 오르페우스나 피타고라스 식의 신화적 전형을 통해 구체적으로 제시된다.

그가 상징하는 바를 완전히 다 알 수는 없지만, 역사는 오르페우스가 자신의 노래로 자연을 춤추게 하고 심지어 지하 세계를 제압할 수 있다고 전한다. 어쩌면 샤먼이라고도 할 수 있는 명실공히 예술가였던 그에게 모든 것을 평화롭고 안락하게 만드는 임무가 주어져 있다는 말이다. 오르페우스의 노래는 심지어 노래하는 자를 어두운 왕국에 떨어지게 했던 그 죽음마저도 바꿔 놓을 수 있다. 그럼에도 그가 죽음을 완전히 극복하지 못했던 까닭은 지하 세계를 다 빠져나갈 때까지 에우리디케를 돌아봐선 안 된다는 약속을 지키지 못했기 때문이다. 오르페우스가 자신의 노래로 모든 것들을 마음대로 할 수 있는 상황은 이제 과거의 일이 되었다. 그녀[가 뒤따라온다는 사실]를 믿지 못하고 의심을 품자마자, 그는 자신의 힘을 완전히 상실해 버렸다. (뒤를 돌아본 그의 행동에서 눈여겨봐야 할 것은 바로 이것이다.)

노래하는 사제 오르페우스에게서 음악 및 음악과 어우러져 있는 시, 춤, 그리고 비극이 그 모습을 갖추게 된다. 신화는 온전히 음악의 모습으로 생생하게 존재한다. 영혼은 음악이라는 저 근원적 전제 속에서 리듬과 멜로디, 화음과 더불어 세계 속에 정향되고 올바른 길을 찾아낸다.

> 철학자가 오르페우스로 나타난 뒤에야, 비로소 전체가 균형 잡히고 일반적이며 보다 지고하게 형성되어 해명하고 있는 것, 즉 참된 학문으로 종합된다. (노발리스, Schr III 335)

칠현금을 연주하는 오르페우스의 모습은 세계를 시로 변신시키는 작업의 신화적 형상이다. 그는 모든 것을 변화시킨다. 대립된 것들을 서로 뒤바꾸어 “숲을 걷게 하고 물을 멈추게”(칼 오르프, 오페라 『오르페우스』 프롤로그 중)한다. 그는 모든 것들이 변하고 서로를 통과하도록 만든다. 오르페우스는 세계를 비롯하여 심지어 지하 세계마저도 짐작할 수 있는 자이다. 노발리스가 말하고 있듯,

오르페우스는 시와 노래를 읊기 전, "우주 만물이 끊임없이 창조해 내는 음악"을 들음으로써 스스로 노래할 힘을 얻는다(Schr III 514). 또한 오르페우스는 실존, 사랑, 그리고 죽음의 근원적인 신비를 보여 주는 자이다. 그가 상실했던, 하지만 한번 찾았다가 이내 또 다시 상실한 여인 에우리디케는 사랑하는 사람을 가리키지만, 보다 낭만적으로 표현하자면 그녀는 아내의 이상일 뿐만 아니라 태고의 근원적 여성성, 회복하고자 했던 근원, 모든 생명의 어머니이기도 하다. 동시에 아내를 다시 살리기 위해 '어머니들에게로 간'(괴테, 『파우스트』 제2부, 1, v. 6213-6306) 오르페우스가 자신의 노래로 감동시키고자 했던 죽음의 여신 페르세포네이기도 하다. 시인이자 예언자vates인 오르페우스를 통해 세계의 만물들은 서로 관계를 맺으며 노래와 춤, 우주적 화음으로 가득 찬 조화로운 세계harmonia mundi가 된다. 고통스럽게 갈기갈기 찢긴 신 디오니소스 자그레우스와 같은 모습의 오르페우스는 스스로 분열됨으로써 전체성과 생명을 얻을 수 있다. 그는 동양과 서양, '이교도'와 기독교를 하나의 공동체 안에서 화해시킨다. 자연과 어우러진 목가적이고 평화로운 분위기에서 리라를 옆에 두고 동물들과 함께 있는 그의 모습은 마치 예수와 선한 목동의 모습을 (그리고 [성인] 프란츠 폰 아시시의 모습을) 예견하고 있는 듯하다. 또한 지옥에 내려와 묶여 있는 자들을 위로 인도하시는, 아래로 내려온 그리스도Christus descendens의 의미 역시 선취하고 있다. 오르페우스로 인해서 시간의 극복과 지양이 일어난다. 가라앉지 않는 열망으로 가득 찬 의식 속의 오르페우스는 정체성에 대한 부정으로 나타난다. 그는 자신이 지닌 가장 좋은 것들, 가령 빛, 생명, 전체성, 지복 등이 자신에게는 존재하지 않는다는 상실감에 괴로워한다. 나는 오르페우스이다. 나는 에우리디케를 찾고 있다. 그런데 바로 그러한 상실과 결핍으로 인해 그는 참으로 오르페우스, 키타라 연주가, 시인이다. 그는 언제나 찾고 있는 자, 말 그대로 철학자이다. 그는 지혜sophia와 충만, 완성, 전체, 구원을 요청하는philein 자, 하나의 존재와, 또한 전체 존재와 합일을 요청하는 자로서 실존하는 것이다. 이 거대한 작업은 결코 멈추지 않는다. 그래서 헤라클레이토스도 "그대의 영혼에는 한계가 없다"고 말했던 것이다. 또한 요제프 하이든의 오페라 〈오르페우스와 에우리디케Orfeo ed Euridice〉는 역사상 가장 탁월한 방식으로 '철학자의 영혼l'anima del filosofo'을 주제화하고 있다. 그리고 오래도록 읽히는 위대한 시들 역시 그토록 찾고 싶었던 영혼의 원리를 언제나 눈앞에 그려 보인다. 단테가 베아트리체를 읊조리고, 페트라르카가 라우라를 영적인 성스러움(시인의 월계수)의 이상으로 노래할 때, 그리고 야콥 뵈메가 성 소피아에게 구애하고, 괴테가 이 모두를 총칭하여 위로 인도하는 영원한 여성성을 노래할 때, 그 어느 때든 이 시들은 모두 동경에 가득 차 자신이 계속 보다 나은 존재가 되기를, 그래서 마침내 완전무결한 존재가 되기를 열망하는 그러한 (낭만주의적인) 노력을 다루고 있다.

오르페우스의 전조 속에서, 감각하고 사유하고 형태 짓는 인간을 세계의 비밀과 연결시킬 가장 확실한 매개는 바로 미적인 것이라는 사실이 드러난다. 윤리학과 종교 모두를 품고 있는 오르페우스를 통해, 다름 아니라 전체 인간적 경험 일반이 제시된다. 인간이 매개하여 고양시킨 존재들을 통해 세계는 모든 가치들을 뛰어넘어 긍정과 부정이 언제나 동시에 이루어지는 곳으로 화한다. 또한 그 현존은 창조적 종합 속에서 이내 [그 종합을 깨는] 반동적 힘으로 존재할 수 있도록 한다. 이러한 변증법 속에서 이루어지는 미적인 표현은 우주 전체를 포괄하는 보편적 기쁨이자 그렇지 않은 것들에 대한 거부이다. 오르페우스로 상징되는 미학의 흐름은 고전주의와 낭만주의를 시작으로 해서 니체, 말라르메, 무질, 그리고 라이너 마리아 릴케에게로 이어진다. 릴케는 현존을 완전히 오르페우스적인 것으로 생각하고자 했다. 나아가 트라클, 바인헤버, 카뮈, 콕토, 마르쿠제, 보토 슈트라우스로 이어진다.

절대자의 현현 : 독일 관념론 미학

독일 관념론 미학을 다루는 이 장은 특히 어려운 장이다. 대략 1780년에서 1848년 사이, 칸트를 필두로 해서 피히테, 헤겔, 횔덜린, 그리고 셸링에 이르는 이 시기를 이해하기 위해서는 높은 수준의 철학적 사색이 필요하다. 그리고 이러한 특징은 이 시기의 미학을 회고하는 것에도 그대로 적용된다. 미학이라는 제목이 붙은 저술은 헤겔의 저술이 유일한데, '그나마도' 그가 베를린에서 강의했던 내용을 사후에 정리하여 출간한 유고이다. '미학'이라는 제목의 저술은 단 한 권뿐이지만, 그럼에도 이 시기의 모든 저술들에는 다양한 미학적 주제들이 연결되어 있다. 이를테면 헤겔은 (절대) 정신의 철학에서, 셸링은 동일성 철학에서, 피히테는 지식학에서, 그리고 칸트는 선험적 비판에서 미학을 다루고 있다.

이성의 신화 : 『가장 오래된 체계 기획』

독일 관념론 미학을 설명할 때 피히테는 보통 제외된다. 우리는 그렇게 하지는 않을 것인데, 피히테를 다루기 전에 일단 소위 『가장 오래된 체계 기획』을 살펴보는 것이 좋겠다. 이 글은 오늘날까지도 누구인지 밝혀지지 않은 어떤 사람이 1796/1797년에 작성한 짧은 단편으로, 급진적인 입장에서 작성된 원고이자 하나의 대담한 시도이다. 원고의 저자는 전체 형이상학이 앞으로는 실천 철학으로 돌아가야 한다고 주장한다. 그리고 그것의 첫 번째 이념은 절대적으로 자유로운 인간이라고 말한다. 바로 거기[절대적으로 자유로운 인간]에서부터 시작해야만 자연에 대한 이해 역시 합당하게 도약할 수 있다. 철학의 이념과 경험의 자료들이 하나로 통일된다면 앞으로 창조적인 정신을 만족시킬 수 있을 정도의 자연학이 될 수 있을 것이다. 또한 자연적인 것들 위로 솟아오르는 문화 영역에 있어서도, 우리는 국가를 포함하여 그것의 '초라한' 기관들 역시 뛰어넘어야만 한다. 도덕과 종교는 이성 및 그것의 자유로운 자기규정에서 근거 지어져야 한다. 그리고 결국 아름다움이 모든 것을 통일하는 이념으로 가장 먼저 제시될 것이다. 이성의 가장 지고한 활동은 심미적 활동이다. 이론과 실천, 인식과 행위는 오로지 아름다움 속에서만 통일된다. 따라서 이성의 마지막 도정은 분명히 감각적으로 되어야만 한다. 그리고 생명력 넘치는 정신을 지닌 철학자는 심미적 힘을 마치 시인과도 같이 잘 다루어야만 한다. 그렇지 않으면 그는 별 볼 일 없는 자구 해석자에 그치고 말 것이다. 말 그대로 "정신 철학은 하나의 심미적 철학이다"(MV 12). 그리고 마치 예언과도 같은 말이 들린다. "이로 인해 시는 보다 고귀한 가치를 지니게 되니, 즉 그것은 처음에 그러했듯 마지막에 가서도 다시금 인류의 스승이 될 것이다. [시가 없다면] 철학도 역사도 더 이상 존재하지 않기에, 시 예술만이 유일하게 모든 학문과 예술들보다 오래 지속될 것이다"(MV 13). 이는 일반 대중들뿐만 아니라 지적인 사람들도 마찬가지로 시적이고 직관적인 종교를 필요로 한다는 것을 말한다. 즉 "이성과 심정의 일신교"와 "상상력과 예술의 다신교"가 통일을 이루어야만 하는 것이다(MV 13). 그 뒤로 마치 헤르더와 프리드리히 슐레겔이 말하는 듯한 요청이 이어진다. "우리는 새로운 신화를 지녀야 한다."
이 신화는 짧게 말해 "이념에 봉사하는 이성의 신화"이다(MV 13).
이러한 생각들은 모두 근대가 짊어지고 있는 모든 간극의 극복과 관련되는 것이자, 통일의 지속을 향한 유토피아적 전조이다.
이 혁명적 단편의 저자가 전하는 마지막 말은 다음과 같다.

> 이제 나는 내가 알고 있는 한, 어떠한 인간도 감지한 적 없는 하나의 이념에 대해서 언급하련다. 우리는 하나의 신화를 지녀야 한다. 특히 이 신화는 이념에 봉사하는 것이어야만 하며, 이성의 신화가 되어야만 한다. 우리가 이념들을 미감적으로, 말하자면 신화적으로 만들기 전에는 [이 이념들은] 민중에게 어떠한 관심도 일으키지 못할 것이다. 또 반대로 신화가 이성적으로 되기 전에는, 철학자들은 신화를 계속 창피하게 여길 것이다. 따라서 결국에는 계몽된 자와 계몽되지 않은 자가 화해의 악수를 나누어야만 한다. 신화는 철학적으로 되어야 하고 민중은 이성적으로 되어야만 한다. 또한 철학은 신화적으로 되어 철학자를 감성적으로 만들어 주어야만 한다. 그렇게만 된다면 영원한 통일성이 우리에게서 넘쳐날 것이다. [민중을 바라보는 지체 높은 사람들의] 경멸에 찬 눈초리도, 식자들이나 성직자들 앞에서 그저 떨고만 있는 민중들의 가련함도 더 이상 없을 것이다. 그러고 나면 비로소 개별적인 능력뿐만 아니라 모든 개인이 지니는 모든 힘들을 동등하게

성장시키는 일을 기대할 수 있을 것이다. 더 이상 어떠한 힘도 억압받지 않을 것이니, 모든 정신의 보편적 자유와 평등 넘쳐흐르도다! 하늘이 보내 준 보다 높은 정신이 이 새로운 종교를 우리에게 수립해 주어야만 한다. 그러면 그것은 인류의 가장 위대한 마지막 작품이 될 것이다. (MV 13 f.)

감정을 의식으로 고양시킬 수 있는 능력, 정신 : 요한 고트리프 피히테

근대 사변철학이 전성기를 구가하는 데 있어 그 한 축을 이루고 있는 감성적이며 감각적인 것의 의미는 피히테의 눈에도 긴급하고도 중요한 문제로 보였다. 요한 고트리프 피히테는 1762년 오버라우지츠의 시골 마을 람메나우에서 태어나 7명의 형제자매들과 함께 검소한 환경 속에서 자라났다. 피히테보다 나중에 이름을 알린 다른 프로테스탄트교 독일인들(클롭슈토크, 니체, 랑케)과 마찬가지로, 피히테 역시 잘레 강변의 나움부르크에 있는 명문 기숙학교인 슐포르타에서 김나지움 과정을 이수한다. 이후 예나, 비텐베르크, 라이프치히에서 신학과 법학을 공부한다. 가정 교사로 근근이 살아가다가 칸트의 선험철학을 접하고 나서 그를 추종하게 된다. 『모든 계시에 대한 비판』을 써서 쾨니히스베르크의 유명한 교수[칸트]에게 보낸다. 칸트가 익명으로 출간된 이 저술의 저자를 공개적으로 밝히자, 피히테는 갑자기 유명 인사가 된다. 이런 저런 일들을 겪은 뒤 취리히에서 요한나 란과 결혼하고, 1794년 예나 대학의 교수로 초빙된다. 그러나 그의

요한 고트리프 피히테, 1811년경의 스케치

무신론 혐의로 인해 학내에서 정치적인 소송이 잇따랐고, 그는 결국 해임되고 만다. 이로 인해 그는 곧장 베를린으로 떠나지만, 그 뒤로도 에어랑엔, 쾨니히스베르크, 코펜하겐 등지를 떠돌아야만 했다. 나폴레옹 집권에 반대하면서 피히테는 독일의 재건을 호소한다(『독일 국민에게 고함』). 1810년에 설립된 베를린 대학의 학장이자 초대 총장으로 선출되었고, 1814년 사망하여 도로테엔스텝터 묘지에 안장된다. 나중에 헤겔도 여기에 묻힌다.

(유고에서 발견된) 강의록 『철학에서 정신과 문자의 구분』은 중요한 저술이다(SW II/3, S. 315-342). 여기서 피히테는 칸트에 동의하면서도 그를 대담하게 뛰어넘는 방식으로 미감적 정신철학의 윤곽을 그려 보인다. 그에 따르면 감정에는 구체적인 무엇을 낳는 배양소가 있다. 그리고 일단 구상력(상상력)이 작용하면, 감정은 "감각계의 형상"(S. 327)으로 파악된다. 이처럼 형상은 자아의 활동에 의해 표상된 것으로, 더 이상 미리 주어져 있는 것이 아니라 단지 수동적으로 형성된 최초의 것이다. 피히테의 말 그대로, 이 형상들은 "구상력의 절대적 자발성을 통해 생성된" 것이다(S. 328). 그런데 감정이 감각계의 형상으로 파악되는 이러한 일이 보다 쉽게 일어나기 위해서는 당연히 연습이 필요하다. 그러나 연습과 동시에 실전이 시작된다. 피히테는 감정이란 단지 "가리킬" 뿐 "진실은 존재하지 않는다"(S. 337)고 말한다. 실로 모든 것은 감정 위에서

세워진다. 그럼에도 불구하고 만일 "어떤 대상에 대해서 감정으로 끝낼" 수 있다고 생각한다면, 사태는 "완전히 잘못 이해되고" 말 것이다. 그러하기에 피히테에 따르면 "감정은 해명되고 설명되어야 한다. 즉 그것은 판단력을 통해서 나뉘고 규정되어야만"(S. 337) 하는 것이다. 그리고 이때 "그 감정을 분명한 의식으로" 고양시키는 자가 바로 "정신"이다(S. 337). 정신이란 "생산적 구상력"으로서 "감정을 의식으로 고양시킬" 수 있는 능력으로 이해된다(S. 317). 그런데 피히테의 관념론적 사유에 따르면, 이러한 발생 과정은 생명 그 자체와 동일하다. 간단히 말해, 정신과 생명, 이들은 "하나"(S. 317)인 것이다.

나중에 피히테는 [정신적 삶의] 전체 과정을, 모든 앎들이 하나의 최고 근본 명제로부터 전개되는 엄밀한 체계인 '학문론'으로 이해한다. 이것은 연역론이 아니다. 오히려 피히테는 절대자의 형상을 매개로 한 형상의 발생을 기획하고 있다. 쉽게 말해 그는 정신적 삶을 신적인 작용으로 이해하고 있는 것이다. 이상과 같이 피히테에게서 인간의 가장 참된 공통감인 감성적인 것은 실로 초감성적이고 신비적인 방식에 의해 '절대적 주관성을 성취하고 있는 형식'이라는 가장 지고한 의미로 새롭게 소생했다고 할 수 있다.

절대자의 직관화와 개념화 : 헤겔

미적 경험에 대해서 서술하고 있는 작금의 우리 눈에 헤겔이 과연 얼마나 현대적으로 보일 수 있을지 쉽게 판단이 서지 않는다. 그의 철학은 개념적 반성이 절대자의 자기완성으로 파악되는 한에서 완전한 의미를 지닌다. 그렇다면 어디서 우리의 논의를 이어갈 수 있을까? [헤겔의 미학을 이해하기 위해서는] 미적인 영역을 비롯한 여타 모든 현실에서 예술 작품 등 관련 현상들을 추가하고 광범위하게 아우르려는, 그리고 그것의 이념적 형태들과 관련해서도 완벽한 체계로 남김없이 개념화하려는 의지와 확신이 필요할 것이다.

게오르크 빌헬름 프리드리히 헤겔은 1770년 슈투트가르트에서 태어나 1831년 프로이센의 수도 베를린에서 사망한다. 그리고 베를린 오라니엔부르크 문 앞 도로테엔스텝터 묘지의 피히테 옆에 묻힌다. 대공국 뷔르템베르크 주세국 서기관의 아들이었던 헤겔은 어릴 적 뷔르템베르크의 개신교적 신학 교육으로 가장 유명한 학교인 튀빙겐 신학교(슈티프트)에 입학한다. 네카 강 위쪽에 자리하고 있는 이 학교는 과거 아우구스티누스회의 수도원 건물이었다. 장학생이었던 헤겔은 셸링, 횔덜린과 한 방을 사용한다. 헤겔은 튀빙겐 대학에서도 이들과 함께 공부한다(철학, 신학, 문헌학, 수학). 프랑스 혁명이 발발하자, 군주제로 유지되는 독일의 소도시 출신에게 프랑스에서 일어나 세계적으로 확대된 이 정치적 사건은 분명히 자극적인 것이었다. 목사가 된 뒤로, 헤겔은 (피히테, 횔덜린, 슐라이어마허와 다르지 않게) 베른과 프랑크푸르트의 몇몇 가문에서 가정 교사 생활을 한 뒤, 밤베르크에서 저술 활동과 [밤베르거 차이퉁의] 편집 업무에 몰두한다. 그리고 한동안 뉘른베르크의 에기디엔 김나지움에서 교장으로 재직한다. 1801년 예나에서 교수 자격을 취득하고 나서 15년이 지난 뒤에야 하이델베르크에서 철학부 교수직을 맡는다. 그 후로 2년 뒤에 피히테의 후임으로 왕립 베를린 대학의 철학부 정교수가 된다. 프로이센 복고 정책 하의 베를린에서 그는 거의 쉰의 나이에도 대단히 왕성하게 활동한다. 헤겔 같은 사람은 통찰력이라든가 지식의 양, 철저함 등 정신이 할 수 있는 모든 일을 완벽하게 수행하고 있는 사람처럼 보인다. 그의 강의에는 프로이센 장교를 비롯하여 더 나은 자리에 오르려고 노력하는 모든 계층의 사람들이 앉아 있었다. 당대에 작성된 기사나 만화 등을 보면, 헤겔은 강단 위에서 다소 소극적이었던 것으로 보인다. 슈바벤 말투로 우물거리며 세계 정신의 철학을 설명하고 있는 그의 모습을 자주 볼 수 있다. 실로 백과사전에 가까울 정도의 엄청난 양과 깊이를 지닌 지식이 개념적 명확성과 탁월하게 결합되어 있으니, 이것이야말로 헤겔의 매력을 완성시킨다. 그러나 그러한 그의 장점은 어떤 것이든 포괄하는 하나의 개념이 그 모든 것들에 대해 적절히 판단하고, 또 그것들을 사변적인 삼단 논법 속에 모두 밀어 넣어 엄격한 체계로 능숙하게 짜 맞추는 것에서 보이는 그런 절대적인 위상이 [그의 철학의] 전부가 아닐 때 두드러진다. 과거에 철학이 제시했던 요구가 헤겔의 사유 구조 안에서 다시 한 번 울리고 있는 듯하다. 이 교수는 철학사를 비롯하여 법, 국가, 예술, 역사, 종교에 관한 철학 등 전 영역에 걸쳐 굵직한 주제들을 내놓는다. 이들은 예술, 정치, 법, 역사, 종교 각각의 전문적인 영역을 위한 추상적인 수준의 도입 단계가 아니다. 오히려 헤겔은 철학적으로 이미 정립된 기본 개념에 입각하여, 당대에 잘 알려진 모든 현상들 각각에 맞게 그것들을 인식하고 개념적으로 실제화시키려는 입장에서 설명하고 있다. 이는 유례가 없던 '작업'이다! 그래서 헤겔은 미학에서도 예술사와 예술 현상학을 예로 제시했던 것이다.

미적인 것에 대한 헤겔의 생각은 그의 『미학』 서론에 가장 잘 제시되어 있다. 그런데 이 텍스트에 대해서는 분명하게 확신할 수 없는 면이 있다. 하인리히 구스타프 호토가 헤겔 사후에 출간한 그의 강의 필기록이 지니는 신뢰성과 가치에 대해서는 아직도 이론이 분분하다. 이 책은 나중에 게오르크 라손이 정리한 판본과 비교되기도 한다. 몇몇 군데에서 확인할 수 있듯이 서문은 일단 본격적인 작업을 준비하는 정도의 글이긴 하지만, 서문에서 그렇게 대략적으로 제시된 계획이 과연 실질적으로 실행되었는지에 대해서는 마찬가지로 논쟁의 여지가 있다. 그래서인지 그의 글을 해석하는 일은 대단히 까다로운 작업이다. 특히 잘 알고 있다시피, 헤겔이 한편으로는 예술의 과거성을 주장하면서도 다른 한편으로는 "예술의 드넓은 판테온"이 "세기의 전개" 속에서 "완성"될 것이라고 예견하는 대목에서 드러나는 모순은 그러한 사정을 잘 보여 준다 (HB I 21 f.). 헤겔은 정말 '세계역사'가 언젠가는 최고의 예술 작품으로 등장하게 될 거라고 생각했던 걸까? 세계 역사는 정말 "자기 스스로를 파악하는 아름다운 정신으로" 완수되는 것일까(HB I 95)? 주제의 모호성 역시 문제적으로 지적된다. 서문에 제시된 내용에 따르면 헤겔의 미학은 아름다움과 예술을 현실적, 역사적, 그리고 체계적 입장에서 정리한 이론이라고 요약할 수 있을 것이다. 그러나 실상 그의 미학은 그렇게 간단하게 들리지 않는다. 따라서 반복되는 문제들에 대한 내재적 원리, 즉 모든 것이 거기로부터 유래하고 그렇지 않다면 그 어떤 것도 발생하지 않는 그런 원리를 제시하여, 그 문제들을 하나로 압축시켜야 할 것이다. 그러니까 간단히 묻자면, 헤겔 미학의 기본 개념은 과연 무엇인가? 힘들겠지만 우리는 이러한 질문이 헤겔을 통해서는 답해질 수 없는 것이 아닐까, 또 그의 미학 역시 [이 질문과] 단지 제한적으로만 관련되는 것은 아닐까, 하는 의심은 되도록 떨쳐

헤겔, 야콥 슐레징거가 그린 초상화, 1831년, 베를린 국립 박물관

버려야 할 것이다. 우리의 이 질문이 헤겔 미학의 엄청난 기획을 완벽하게 복원할 수는 없겠지만, 그것의 기본 특징 정도는 헤겔의 전체 사유 지평 속에서 확인할 수 있을 것이다. 물론 미학의 입장을 취하다 보면 그에 따라 (형이상학적) 체계가 수정될 수도 있겠지만, 그런 일은 일어나지 않는다. 헤겔의 저술 대부분에서 예술과 관련되거나 미적인 영역에 속하는 것들은 단정적이기보다는 초안을 잡는 수준으로만 설명된다. 실상 이 사상가는 '미학'이라는 명칭 자체가 다분히 피상적이고 부적당하다고 생각하지만, 그럼에도 이 명칭을 그대로 유지해도 괜찮을 것이라고 말한다(HB I 13). 그렇다면 이 학문의 대상은 과연 무엇인가? 미학은 무엇을 다루는 학문인가? 가장 먼저 헤겔은 "예술미"를 다루는 것이라고 대답한다(HB I 14). 예술미를 다루는 것은 자연미를 다루는 것과 구분된다. 그 뒤로 헤겔은 자연미가 지니는 결점을 상세히 설명한다(1. Teil, 2. Kapitel). 헤겔은 예술 속에서 "정신으로부터 태어났으며 또 다시 태어난 아름다움"을 인식한다. 그리고 이러한 사실에서 [자연미와 예술미의] 상이한 위계가 나온다. 정신으로부터 태어난 만큼, 헤겔에게 예술미는 "자신 안에서 자유롭고 자기의식적인" 존재이다. 결국 헤겔은 자연과 예술 간의 전통적 관계를 바꾸어 놓고 있다고 할 수 있다. 오랫동안 통념적으로 이해되던 자연의 모방으로서의 예술 개념 대신 헤겔은 다음과 같이 생각한다.

> 정신이야말로 모든 것을 자신 안에 모든 것을 포괄하는 참다운 것이다. 따라서 모든 미는 그 자체가 이러한 보다 높은 것을 나누어 갖고 그것을 통해 생겨날 때 참으로 아름답다. 이러한 의미에서 자연미는 정신에 속하는 미의 반영에 불과한 것으로서, 불완전하고 부분적인 방식으로만, 즉 그것의 실체에 따라 정신 안에 그 자신이 포함되어 있는 방식으로만 존재한다. (HB I 14)

헤겔이 강조하는 것은 "그것의 목적과 수단에 있어서 자유로운 예술"이다(HB I 18). 그런 한에서 예술은 종교 및 철학과 공통적으로 "신적인 것, 인간의 가장 깊은 마음, 정신의 가장 폭넓은 진리를 의식하고 발언하는 것"이라고 규정된다. 따라서 예술은 외적인 것, 감각적인 것, 유한한 것, 지나간 것 등의 자연 일반과, 여타의 존재들에 앞서 "초감성적 세계"로서 제시되어 있는 "파악하는 사유의 무한한 자유", 이들 [자연과 자유] 사이의 불일치를 "조정하는 최초의 매개"이다(HB I 19). 그러나 모든 면에서 가장 중요한 것은 궁극적으로 절대자를 인식함으로써 이념을 달성하는 것이기에, 당연히 예술은 최고의 지위에 있지 않다. 과거, 예술이 최고의 지위를 누렸던 적이 있었다. 고대 그리스 시절, 예술은 예술 종교로서 가장 높은 자리를 차지했었다. 그러나 그로부터 기독교가 나왔고 이로써 종교가 예술을 능가하게 된다. 헤겔은 이 시기 역시 또 [다른 것에 의해] 극복될 수 있다고 확신한다. 그리고 이 또 한 번의 극복은 정신이 자기 자신을 완전하게 파악하여 스스로 예술적 직관과 종교적 표상 이 모두로부터 벗어나자마자, 그래서 전체로서의 정신이 자신의 자유와 무한성, 영원성을 의식하게

됨으로써 일어난다. 따라서 헤겔에게 "그리스 예술의 아름다운 나날들은 그 뒤 중세의 황금시대와 마찬가지로 이미 지나가 버렸다." 예술에 관해 보다 자세히 설명하자면, "예술을 최고라고 규정하는 측면에서 바라볼 때", "우리에게 예술은 사실 이미 지나가 버린 과거의 것"이다. 근대의 의식에게 예술은 더 이상 절대자를 직접적으로 직관하도록 하는 역할을 하지 못한다. 절대자와의 관계는 오직 사유를 통해, 즉 반성을 통해 증명되는 한에서만 생산적으로 밝혀질 수 있다. 따라서 헤겔은 자신의 시대에는 하나의 "예술에 관한 학문"을 수립할 필요가 있다고 말한다(HB I 22). 그런데 이 같은 요구는 자기 자신을 절대적으로 확신할 수 있는 철학을 배경으로 했을 때만 의미를 지닐 수 있다는 사실을 잊지 말아야 한다. 관념론이 자신의 책임을 다하지 않으면, 어떤 것도 종합되거나 정리되어 나올 수 없다.

헤겔의 변증법적이고 관념론적인 미학의 과제는 절대자를 감각적으로 드러낸다는 예술의 "목적"이 구체적으로 어떻게 달성되는지를 전체적으로 증명하고 파악하는 것이다. 서문의 핵심적인 부분으로서 헤겔이 앞으로 설명할 전체 체계를 간략하게 "분류"(HB I 77-95)하고 있는 대목에서도 잘 알 수 있듯이, 그의 작업은 총 3부로 나뉜다. 먼저 제1부는 "예술미" 혹은 "이념상"을 기본적으로 살펴본다(HB I 99-291). 제2부는 세 가지 예술 형식을 각기 구분하고, 이들의 이념상들이 시대별로 어떻게 드러나는지를 설명한다(HB I 295-584). 마지막으로 제3부는 "개별 예술들의 체계"를 제시한다(HB II).

생기가 느껴지는 부분은 제2부 "미적 이념의 일반적 계기들"로서 각각 상징적, 고전적, 낭만적 예술 형식을 서술하고 있는 부분이다(HB I 95). 여기서 헤겔은 "이념이 자신의 형태와 맺는 세 가지 관계들"에 주목한다. 헤겔은 이념상이 추구되고 완성되며 또 극복되는 바에 따라 이들을 각각 상징적 예술 형식, 고전적 예술 형식 그리고 낭만적 예술 형식이라고 일컫는다(HB I 88). 그리고 그는 마침내 하나의 압축적인 체계를 구성해 낸다. 일단 수차례 변증법적 매개를 거치는 동안 건축이 처음으로 시작된다. 건축은 동양적, 특히 이집트적 예술 형식인데, 신전이나 피라미드 등의 건물에서 알 수 있듯 단지 상징적으로만 드러나는 예술 형식이다. 그리고 [내용과 형식 사이의 고민이 건축 내부에서 커지면, 그것은 건축 자체의 영역을 넘어서] 그리스적 고전적 예술 형식인 조각으로 상승한다. 그런 다음 [조각의 가시적 질료성에서 벗어나 자신의 질료적 특성을 이념적으로 설정하고 있는] 회화(색채 예술), 음악, 그리고 가장 높은 예술인 시Poesie로 계속 고양된다. 회화와 음악, 시는 기독교적이고 낭만적인, 아울러 주관적이고 내면적인 정신으로 화한 예술 형식의 세 가지 상위 단계들이다(HB II 259). 헤겔에게 이 체계는 소위 아방라 레트르, 즉 미완성의 상태로 주어져 있다. 예를 들어 소포클레스의 비극에서는 각자 일방적으로 독립해 버린 자들[에테오클레스와 폴리네이케스]가 전쟁에서 서로를 찔러 동시에 죽는다는 충격적인 방식으로 "운명의 올바름"을 보여 준다. 그래서인지 헤겔은 "고대와 근대의 훌륭한 작품들을 통틀어 (…) 나에게는 『안티고네』가 가장 훌륭하고 만족스러운 예술 작품으로 보인다"고 말한다(HB II 568).

헤겔은 이념, 예술 형식, 특수한 예술들, 그리고 개별 예술 작품들의 구조로 펼쳐지는 역사적이고 체계적인 발전 과정을 개진하고 있다. 그러나 그것의 마지막 의미는 여전히 수수께끼로 남는다. 이 궁금증은, 『가장 오래된 체계 기획』에서와 비슷하게

(낭만주의적) 시에 최고의 우위를 부여하고, 아울러 수천 년의 세계사를 거치며 계속 상승하다 마침내 "예술의 판테온"(HB II 95)이 완성될 것이라는 그의 마지막 말을 통해서 더욱 증폭된다.

'미적 절대주의' : 셸링

미학의 영역을 바라보는 헤겔과 셸링의 눈은 예술 안에서 미적인 정신이 지속적으로 상승하는 과정에 주목하고 있다. 그런데 미적 경험의 근본 사태를 규명할 때 [이들에게] 주된 역할을 하는 것은 어떤 정형화된 예술 철학이 아니다. 이들이 제시하는 예술 철학은 미적 경험을 현기증이 날 정도로 높이 고양시킬 것이라는 약속을 표명하고 있다. 그렇다면 단도직입적으로 묻건대, 관념론에게 예술은 무엇을 의미하는가? 답한다면, 그것은 절대자를 감각적으로 재현하는 것에 다름 아니라고 할 수 있다. 그러나 그것은 감각적이라는 바로 그 이유 때문에 개념과 유리되어 있고, 그래서 언제나 불완전하게 부합하는 그러한 재현일 따름이다. 이 밖에도 관념론적 철학이 자신의 편에서 절대자의 현상 방식으로 고수하고 있는 부분은 예술과 철학의 관계를 중점적으로 보여 준다. 일반적으로 헤겔은 철학에서 시작하여 예술을 지향하고 있으며, 그와 반대로 셸링은 예술에서 시작하여 철학을 지향하고 있다고 할 수 있을 것이다.

프리드리히 빌헬름 요제프 셸링은 1775년 대공국 뷔르템베르크의 수도 슈투트가르트에 인접해 있는 레온베르크에서 태어났다. 아버지는 신학 교수였고 어머니는 목사의 딸이었다.

셸링, 크리스티안 프리드리히 티크가 그린 유화, 1800년

셸링은 일찍부터 천재적인 면모를 드러냈다. 15세가 되던 해 그는 당시 헤겔과 횔덜린이 수학하고 있던 튀빙겐 신학교(슈티프트)의 철학부 및 신학부에 정식 학생으로 입학한다. 17세에 라틴어로 저술한 자신의 박사학위 논문을 출간하였고, 23세에 괴테의 주선으로 예나 대학의 교수가 된다. 그로부터 몇 년 뒤, 아직 서른이 되기 전에 셸링은 뷔르츠부르크에서 역시 교수직을 얻는다. 이후 뮌헨과 베를린 대학의 정교수로 임명된다. 여든이 가까워지자 셸링은 이른 성공에도 불구하고 어쩐지 회한에 가득 찬 채 은둔하며 살다가, 1854년 장크트 갈렌의 라인 강 유역에 있는 요양소 바트 라가츠에서 사망한다.

셸링은 미학이라는 개념 자체를 거부했다. '미학'이라는 제목이 들어가는 그의 저술은 피히테가 쓴 것만큼이나 적다. 그럼에도 그에게는 미학적인 것이 '예술 철학'이라는 명칭으로 근본 철학의 위상을 차지하고 있다. 이는 역사적으로 의미 있는 시도였다. 나중에 포이에르바흐는 미학을 응당 감각주의적 인간학이란 의미에서 제1 철학이라고 명시한다. 일단 셸링이 저술한 세 권의 저작들을 따라가 보면서 그의 '미적 절대주의'를 세 단계로 정리해 보도록 하자.

체계적인 저술 『선험적 관념론의 체계』에서 25세의 철학자는 예술을 철학의 '기관'이자 '기록'이라고 연역한다(SW III 627). 이러한 구조는 칸트와 피히테를 거쳐 선험철학으로 고양된 신플라톤주의의 신학적 사유 전통 속에서 형성된 것이다. 그에 따르면 미적 광휘, 예술적 반영은 절대자, 동일성을 감각할 수 있도록 해 준다. 자아가 반성하자마자 그 즉시 주관과 객관으로 나뉘는 필연적인 이중성, 그리고 반성이 지속되는 한 끊임없이 재현되는 그 "무한한 갈라짐"이 예술의 유한한 산물 속에서 지양되는 것이다. 셸링은 "우리로 하여금 모순되는 것을 생각할 뿐만 아니라 종합할 수 있도록 하는" 유일한 것은 바로 작시 능력作詩能力이자 시적 상상력인 구상력Einbildungskraft이라고 설명한다. 그는 미적 생산은 바로 자유로부터 시작되며, 따라서 모든 개별적 예술 작품은 "하나의 무한자"를 드러낼 것이라고 분명하게 확신한다. 언제든 무한자를 드러내지 않는 것은 결코 예술 작품이라 할 수 없다. 나아가 사변적으로 규정된 예술은 "철학자에게 가장 지고한 것"으로 칭해진다. 왜냐하면 예술은 철학자에게 "가장 신성한 것을 열어 주기 때문이며, 거기에서는 자연 및 역사 속에서, 그리고 생명과 행위, 아울러 사유 속에서 분리되어 있던 것이 영원하고도 근원적인 합일의 상태 속에서 하나의 불꽃으로 영원히 타오르고 있는 것이다." 이때 예술가는 자연과 긴밀하고도 내적인 관계를 맺고 있는 까닭에, 자연 안에서 "드러나는 이념적 세계"를 직관하여 현현시킬 수 있다. 따라서 "우리가 자연이라고 칭하는 것은 저 비밀스럽고 불가사의한 문자 속에 숨겨진 한 편의 시가이다"(SW III 626-628). 철학과 학문은 바로 이 포에지로부터 태어났다. 이제 이들 둘, 철학과 학문은 "자신들의 완성을 향해 포에지의 보편적인 바다로" 다시 흘러 들어갈 것이다. 그리고 이러한 회귀를 위한 매개로 새로운 신화가 요청된다.

셸링의 『예술 철학』은 이와 유사한 논지에서 보다 상세한 보충 설명과 명확한 개념 규정을 동반하고 있는 저술이다. 이 저술에 따르면 철학과 예술은 완벽한 조화를 이루고 있다. 일단 셸링은 오직 철학을 통해서만 우리가 가장 높은 존재에 이를 수 있다고 설명한다. 그런데 철학 안에는 예술론을 통해 "우리가 영원한 것을 보다 직접적으로, 말하자면 가시적인 형상으로 바라보는 그러한 보다 한정된 영역이" 형성된다고 한다(SW V 364). "모든 사물의 본질적이고 내적인 동일성에서"(SW V 366) 자신의 사유를 시작하는 셸링으로서는, 철학이든 예술이든 모두 절대자, 근원적 일자, 무한자, 분리되지 않은 자, 절대적 실재로부터 나온 유출물이다. 철학과 예술은 서로 다른 형식과 포텐츠Potenz*로 표현된 하나의 우주이다. 함께 우주를 완성하고 있는 만큼, 그들은 실재 사물의 근원 형상을 보여 주고 있다. 다만 철학이 우리에게 근원 형상을 불완전한 인상으로 제공하는 반면, 예술은 그것을 "그 자체로 완전하게" "객관적으로" 제시해 준다(SW V 369). 그리고 쇼펜하우어나 니체, 릴케의 목소리라고 착각할 정도로, 셸링은 음악을 가장 시초적인 예술이라고 말한다. 음악으로 표현되는 것은 "자연과 우주의 근원 형상적 리듬에 다름 아니다"(SW V 369). 셸링은 카를 필립 모리츠의 뒤를 이어 [그 자체로 창조적이라 할] "시적인 세계의 가장 지고한 근원 형상"을 그리스 신화에서 찾는다(SW V 392). 그에 따르면 그리스 신화에는 "마치 철학으로 구성된 듯 이념적 영역 안에서의

* 포텐츠(Potenz) : 통상 잠세력 혹은 활력 등으로 번역될 수 있는 개념이지만, 셸링에게서는 절대적 실재성이 다양하게 규정되는 국면을 의미한다. 셸링에게 사물 일반의 규정은 오로지 하나의 분리 불가능한 전체성, 하나의 절대적 실재성에 기인한다. 이를테면 하나의 본질이 여러 가지로 규정되는 방식에 따라 사물의 다양성이 생긴다는 것이다. 이렇듯 셸링은 전체 본질의 실재성에 기반된 여러 규정들을 포텐츠들이라고 칭한다. 자연, 역사, 예술 역시 하나의 절대적 본질의 다양한 규정들, 즉 포텐츠들이다.

모든 가능성들이 (…) 완전하게 창조되어" 있다(SW V 400). 또한 "원형이자 동시에 근원 형상적 세계 그 자체인 신화는 어느 시대에나 통용될 수 있는 보편적인 실재성을 지니고 있다"(SW V 412 f.). 그런 한에서 신화는 "모든 예술의 필연적 조건이자 최초의 소재"이다 (SW V 405). 신화는 상징적으로 파악됨으로써 "절대적으로 드러내라는 예술의 요구"를 완전히 충족시킨다. "즉 [신화에서는] 보편적인 것이 완전히 특수한 것이고, 또 동시에 특수한 것이 완전히 보편적인 것으로 **존재하지**, 서로를 의미하거나 하지 않는다" (SW V 411). 결국 예술은 생명의 근원적 상태에 상응한다. 오로지 특수자로만 존재하는 생명의 비밀은 근원적 일자가 신적인 상상력Phantasie 속에서 [결코 한정될 수 없었던] 절대자를 한정하여 조화를 이루고 있다는 사실에 있다. 이렇게 해서 우주가 생명으로 가득 차게 된다. 그리고 이와 똑같은 방식으로 인간적 구상력의 반영 속에서 이제 우주는 상상력의 세계로 형성되고, 마침내 "모든 것은 대자적으로 다시금 전체"가 된다(SW V 393).

> 살아 있는 모든 생명의 비밀은 절대자를 한정하여 종합하는 일이다. 세계에 대한 최고의 직관이 있으니, 그것은 우리가 완전한 만족을 요구한다는 사실이다. 즉 **가장 지고한** 생명은 절대자가 어떠한 제한이나 한계도 없이 가장 자유롭고 가장 고유하게 현존하고 작용하는 것을 말한다. 절대자는 즉자적이든 대자적이든 어떠한 다양성도 제시하지 않는다. 그런 한에서 그것은 오성에 대해 하나의 절대적인 공허, 심연이다. 생명은 오로지 특수자로만 존재한다. 그러나 생명과 다양성, 혹은 어떤 하나로 한정하지 않은 **특수자** 일반은 근원적으로,

그리고 즉자적으로 오로지 신적인 상상력의 원리를 통해서만 가능하며, 파생된 세계 속에서는 오로지 절대자를 한정하여 하나로 화합하고 보편자의 전체 신성을 특수자로 형성하는 그러한 상상력을 통해서만 가능하다. 이렇게 해서 우주가 생명으로 가득 차게 된다. 이 법칙에 따라 절대자로부터 온전한 하나의 개별적 생명체가 세계로 흘러나온다. 그리고 이와 동일한 법칙에 따라 인간적 구상력의 반영 속에서 우주가 다시금 상상력의 세계로 완성되는 것이니, [신에게서나 인간에게서나] 어디서든 일관되게 통용되는 법칙은 곧 절대성을 한정하는 일이다.

우리는 구상력에 대해서든 이성에 대해서든, 우주 안에서는 그 어떤 것도 그렇게 완전히 짓눌려 제약되거나 종속되지 않기를 바란다. 우리는 모든 사물들이 특수하고도 자유롭게 살기를 요구하는 것이다. 오성에 있어서는 종속적이지만, 이성과 구상력 속에서는 모든 것이 어떠한 강요나 갈등도 없이 마치 에테르 속에서처럼 그렇게 자유롭게 움직인다. 그럼으로써 마침내 모든 것은 대자적으로 다시금 전체가 되는 것이다. (SW V 393)

분리하고 종속시키는 오성과 달리 이성과 구상력은 동일한 단계를 형성하고 있다. 셸링은 구상력Einbildungskraft을 말 그대로 "하나로 형성하는In-eins-bildung 힘"이라고 설명한다. 바로 이 힘으로부터 "모든 창조 행위"가 비롯된다(SW V 386). 그리고 셸링은 자신의 사변적 사유를 다소 예언적이면서도 종말론적으로 전환시킨다.

그리스 신화의 소재가 자연이었다면, 기독교적 계시의 소재는 역사이다. "근대"(SW V 427)의 기독교적 계시와 함께 그리스 신화는 실상 과거의 것이 되었다. 적어도 고대에 생각했던 것처럼 그런 참된 서사시로는 존재하지 않는 것이다. 이러한 생각은 모든 것이 운동 중에 있다는 사실을 표명한다. 셸링이 말하길, 모든 것은 그렇게 변화하는 것이기에 기독교는 정신에 귀를 기울여 자신이 "정신의 계획에 속해 있음을 잊지 말아야"하며, 이 근대마저도 필경 과거가 될 것임을 잊지 말아야 한다(SW V 442). 그럼으로써 기독교는 보다 더 큰 전체 안에서 하나의 부분이 될 것이다(SW V 443). 그리고 마침내 고대와 근대, 신화와 계시, 이 대립들은 "거대한 시"로 종합되어 새로운 신화를 향하게 된다(SW V 445). 셸링은 역사의 연쇄들이 "한순간 변하게 되는" 때가 "시간의 섭리에 남아" 있다고 확신하는 듯하다(SW V 449). 모든 전환의 그 끝에 "자연과 역사의 절대적 동일성"이 분명히 함께할 것이라고 말이다(SW V 457). 그는 현실의 완성과 모든 소외의 극복, 대립들의 화해, 통일의 재건이 동시에 일어날 수 있고 또 절대적으로 현존할 수 있다는 긍정적인 시각을 견지한다.

1807년 뮌헨 학술원 강연을 다듬어서 출간한 그의 유명한 저술『조형 미술과 자연의 관계』에서 셸링은 미적인 것에 관한 자신의 기본 관점을 완성한다. 셸링은 여기서 예술을 자연의 모방(그리스어로는 미메시스mimesis, 라틴어로는 이미타티오 나투라에imitatio naturae)으로 보는 오래된 관점을 "자연 개념의 다의성"(SW VII 293)이란 측면에서 새롭게 수정한다. 즉 "살아 있고 창조하는 자연이라는 이념"(SW VII 295), "세계의 신성한, 영원히 창조하는 근원적 힘"(SW VII 293)에 대한 이념이 강조되는 것이다.

따라서 현존하는 것, 타자, 객체 등을 총괄하는 개념(피히테)인 '산출된 자연natura naturata' 개념이 아니라 '산출하는 자연natura naturans' 개념, 즉 살아서 작용하는 본질이 부각된다. 단지 [자연의 외적인] 형식에 머물러서는 안 되고 필시 그것을 뛰어넘어야 한다. 형식은 겉으로는 너무도 견고하게 보이지만, 정신적으로는 "마치 융해되어 있는 듯하다. 이렇듯 사물의 순수한 힘은 우리 정신의 힘과 함께 흐르고 있으니, 이들 둘[사물의 힘과 정신의 힘]은 완전한 동형을 이루고 있다"(SW VII 299). 이는 분명 합리적인 것은 아니라고 셸링은 강조한다. 이것은 오히려 예술가가 무의식과 연결되어 자연의 정신을 "생생하게 모방하는"(SW VII 301) 가운데 포착된다. 사물을 그것의 정점인 완전한 현존의 순간 속에서 드러냄으로써, 그것을 시간으로부터 해방시켜 "영원한 삶" 속으로 고양시키는 일이 중요하다(SW VII 303). 셸링에 따르면 이렇게 "사물의 본질을 관찰하고 인식하기" 위해서 필요한 것이 바로 형상화Bildung이다. 이 속에서는 "개별자의 원리가 아니라" 자기 자신을 넘어 계속 상승해 가는 "도래하는 영혼"이 드러나 있다(SW VII 311 f.). "신적인 사랑이 지니는 그 내면의 불꽃을 통해 영혼과" 자연의 정신이 하나로 융합하는 모습을 셸링은 태고의 신비를 상기시키는 듯한 열광적인 어조로 표현하고 있다. "순간적으로 너무나 명료하게 자연과 영혼의 본질이 지니는 근원적 통일성이 보는 이의 눈을 사로잡는다. 모든 대립은 단지 그렇게 보이는 것일 뿐이다. 사랑은 분명히 모든 본질을 연결하고 있다. 사랑의 선한 행위야말로 창조 전체의 근거이자 내용이다." 이는 대립들의 통합과 살아 있는 존재들의 통일을 분명하게 인식하는 신비적인 직관intuitus mysticus이다. 셸링이 말하길, "자연과 예술의 최고의 관계는, 보다 높은 삶 속에서 자연이

셸링, 요제프 카를 슈틸러가 그린 유화, 1835년, 뮌헨 노이에 피나코테크

그 자신의 편에서 예술을 매개로 삼아 자연 안의 영혼을 가시적으로 보여 줌"으로써 달성된다(SW VII 315 f.). 셸링이 아우구스트 빌헬름 슐레겔에게 보내는 편지에서도 적고 있듯이, "신비로운 측면을 지니고 있는" 그러한 예술은 하나의 세계가 새롭게 건설되리라는 확신을 더욱 강화시킨다(SW VII 327).

셸링은 세계의 역사적 발생이 지니는 이러한 종합적이고 다분히 변신론적인 특성을 이미 17세에 썼던 자신의 박사학위 논문을 비롯해서, 1840년대 초반 격렬한 논쟁을 일으켰던 베를린 대학 강의록『신화 철학』과『계시 철학』에서 상세히 설명하고 있다. 여기서는 (물론 비정치적인 의미의) 긍정철학이 개진된다. 긍정 철학은 개념에 따르는 것이 아니라 "경험 **전체**"를 지향하며 그것과 "**함께 성장하는**" 것으로 이해되는 철학이다(SW II/4 413). 즉 긍정 철학은 "생을 위한" 철학인 것이다(SW II 423). 철학적으로 정당화된 신화-학을 과연 성취할 수 있을 것인지에 대한 불가피한 질문에 대해, 셸링은 절대적 반성의 입장에서 벗어나 긍정적으로 화답하고 있음을 확인할 수 있다. 말하자면 철학, 그것은 오로지, 특유한 신화적 표상들 전체가 자기 자신을 전개시켜 나가는 가운데 그 자체가 의식의 필연적 과정으로 드러나게 되는 역사를 말한다. 셸링이 말하길, 절대자가 자신의 길을 따라 근원 형상의 세계를 반영하는 바로 그 속에서, 자연을 뛰어넘어 인간의 역사가, 보다 정확히 말하자면 실로 기독교적으로 결정된 자유의 역사가 열린다. 그리고 새로운 신화를 통해 그것은 마침내 가장 외형적인 것에 이르는 길로 접어들게 되니, "[역사의] 연속들이 한순간 갑자기 전환" 되면서, [마침내 절대자가] 도래하는 영혼으로, 자연과 하나 되어 내적으로 생성하고 있는 영혼으로, 이를테면 절대적 동일성이 비로소 현실적인 존재로 되는 그러한 길에 오르는 것이다. 그러나 이 영원한 지금nunc stans, '모든 것이 동시에 이루어지는totum simul perfectum' 이 마지막 완성, 이 만물의 회복apokatastasis, 이것이 궁극적으로 어떻게 실현될 것인지, 나아가 그것은 도대체 사회적 정치적 해방이나 심미적 삶의 형성을 말하는 것인지, 아니면 철학적 종합이나 신비적이고 종교적인 변화를 말하는 것인지 하는 등의 물음에 대해서는 과거에도 그랬듯이 지금도 여전히 확실한 답변을 듣지 못한 채 의문으로 남아 있다.

이념의 관조, 욕구의 표현 : 아르투르 쇼펜하우어

하만, 헤르더, 프리드리히 슐레겔, 노발리스, 그리고 셸링을 통해 이제 철학은 형식주의적이거나 합리주의적인 철학에서 벗어나, 심미적이면서도 다분히 신화적-종교적인 철학으로 정립되었다고 할 수 있다. 19세기 초반의 관념론과 19세기 후반 니체를 통해 그 전모가 드러나게 된 가치 전도의 현상 사이에는 결코 간과해서는 안 될 매개자가 있으니, 바로 안티-관념론자인 아르투르 쇼펜하우어이다.

관조와 직관

쇼펜하우어는 전통 철학 중 특히 칸트와 플라톤 철학과의 치열한 논쟁을 거치면서 미적인 것을 높은 위상에, 정확하게 말하자면 두 번째로 높은 위상에 올려놓는다. 그리고 철학에서 부수적인 것이라는 평가 외에 거의 아무런 위상도 지니지 못했던 관조와 직관에 가치를 부여한다. 관조적 직관에 우위가 주어짐과 동시에, 논증적인 개념적 사유와 선험적인 아포리즘의 위세는 약화된다. 칸트에서 출발하고 있는 독일 관념론이 가르치는 것처럼 그렇게, 인간은 경험하기도 전에 선험적인 이성의 구조물 속에서 언제나 이미 세계 및 그것의 신적인 근거에 완전하게 연결되어 있는 그런 존재가 아니다. 오히려 우리는 단지 감각적으로 경험 가능한 세계에 속해 있는 내재적 존재일 따름이다. 후에 니체는 이러한 사정을 '대지 위의 몸'이라는 엄중한 말로 표현할 것이다. 쇼펜하우어는 관조적으로 직관하는 동안에만 현존과 만족, 즐거움을 지니며, 그렇지 않을 때에는 불쾌와 불만, 우울, 고통을 지닐 뿐이라고 강조한다. 그런데 비판적인 키에르케고어에게서와 같이 어쩌면 심미적으로 직관하는 활동의 그 감각적 항수 속에는 근본적으로 모순적인 어떤 것이 자리하고 있기 때문에, 결과적으로 미적 실존은 온전히 절망의 상태에 처해 있는 것처럼 보일 수도 있다. 쇼펜하우어는 그 정도까지는 아니었지만, 그럼에도 그의 철학은 부정과 완전한 포기에 이르고 있다. 결국 그의 사유는, 더 좋아질 것은 아무것도 없을 거라는 염세주의로 귀결된다. 삶은 실로 역설로 가득 차 있으니!

그러나 그의 염세주의적 결론을 고찰하기 이전에, 우선 미적인 단초에 의해 이성 개념이 어떻게 전환되는지 잠시 살펴보도록 하자. 쇼펜하우어에 따르면 이성은 실제로 지식을 개진할 수 없고 단지 감각적으로 경험 가능한 것을 다른 형식으로 옮기는 일을 할 뿐이다. 직관된 것이나 개인적 경험들은 나중에 추상적 보편자로 변형된다. 그런데 이러한 변형은 단지 근사치로만 가능할 뿐이며, 또 실용적인 측면에서도 원래 경험했던 것으로부터 상대적으로 멀리 떨어져 그것을 자기 마음대로 처리하기 위해서 그렇게 하는 것일 뿐이다. 이처럼 이성은 주로 상호 주관적 소통을 담당한다. 이로부터 나온 것은 보조적인 역할을 한다. 학문과 철학은 일종의 후-현상으로서, 이를테면 땅속 깊숙한 곳에 굳게 뿌리내리고 있던 식물의 충동이 완전하게 외적으로 드러나 있는 상태와도 같은 것이다. 이성으로 할 수 있는 것은 경험을 설명하는 일일 뿐, 현실을 산출하지는 못한다. 보다 근본적으로 말해서, 인간은 생산적이기보다는 수용적인 존재이다. 인간은 자신을 세계와 만나도록 하고 또 이러한 만남을 표현하고 구성하고 해석하여 자기 자신에게 방향과 의미가 제시되도록 하는 능력인 지각을 통해서 규정되는 것이다. 따라서 '진리'는 [이성이 아니라] 감성과 감응, 관조, 직관, 그리고 상상력에서 자라난다. 그것들로부터 멀리 벗어나 있는 것은 참된 것이 아니라 **보다** 덜 참된 것이다. (이러한 쇼펜하우어의 생각은, 표면적으로 드러난 의식은 헤아릴 수 없이 깊은 무의식의 상관물로 작용한다는 사실을 명확하게 밝힌 프로이트 및 그의 추종자들이 거둔 성과에 앞서는 것이다.)

쇼펜하우어는 이러한 철학적 세계관이 작용하고 있는 논리적인 초안을 작성한다. 여기에는 다음과 같은 물음이 포함되어 있다. 우리는 얼마만큼이나 세계를 '가지고' 있는가, 즉 우리는 얼마만큼이나 세계를 이해하고 있는가? 일단 사유는 주관이 객관으로 표상되는 내적인 활동을 의미한다. 표상 활동 속에서 주관에게 경험이 마련된다. 즉 공간과 시간, 인과율에 따라 주관은 세계를 공간적으로 병렬해 있으며 시간적으로 연속하는, 그리고 인과적으로 얽혀 있는 상태를 모두 포괄하는 개념으로 획득한다. '존재는 지각된 것이다esse est percipi' — 현실은 인간이 감응하고 파악하는 바에 따라 존재한다. 즉 현실은 인상들의 현상이다 — 라는 이 말은 아메리카[로 선교 활동을 떠난 바 있는] 아일랜드의 관념론자 조지 버클리가 언급했던 이래로, 표상으로서의 세계를 간명하게 표현하고 있는 명제이다. 하지만 사유 자체를 반성해 보면, 다시 말해 철학을 실제로 완성하는 사유의 사유를 통해 사유 스스로 자신을 평가해 보면, 불가피하게도, 표상된 세계는 (표상 밖에 있는) 세계의 즉자적인 본질과 결코 일치하지 않는다는 사실을 깨닫게 된다. 표상으로서의 세계는 즉자적인 세계와 단지 가능적으로만, 예를 들어 꿈이 현실에 대해 맺고 있는 관계처럼 그렇게 가능적으로만 관계할 수 있을 거라고 추측할 수 있을 뿐이다. 따라서 이제 물음의 방식이 달라진다. 도대체 현실이란 무엇인가? 즉자적 세계는 공간과 시간, 그리고 인과성에 따라 펼쳐진 망판 외에 과연 무엇인가? 이러한 물음은 물자체를 해명할 가능성을 묻는 물음으로서, 칸트가 부정하고 있는 그 가능성을 쇼펜하우어는 긍정하고 있다. 쇼펜하우어는 만유로서 세계는 본질적으로 의지 그 자체라고 확신한다. 관조적 직관에 의지의 의미가 개시되자마자, 지적인 표상 작용은 단편적인 부분으로 축소되고 외적인 것으로 떨어진다. 실제적인 것, 내적인 것에 대해서 말해 주는 것은 머리가 아니라 가슴, 인간의 살과 피, 그의 몸이다. 생에의 맹목적인 의지는 이성 및 모든 개념적 이해로 더 이상 환원될 수 없고 설명할 수도 없는 불가해한 근원적 소여물로서 드러나게 된다. 그런데 세계가 그렇게 일단은 표상으로서 경험되었다가 마침내 의지로서 경험되고 감응된다는 이 사실이 뭐 어떻다는 것인가? 이 세계에 어떻게 존재한다는 것인가? 현존재의 문제가 그것으로 풀리는가? 쇼펜하우어가 그렇게 묻는 동안, 세계에 대해 숙고하는 그의 사유 역시 마치 나선형을 그리듯이 점점 위를 향해 올라간다. 그 결과 인식론(『의지와 표상으로서의 세계』, 제1권)에서 시작하여, 제3권을 위한 준비로서 자연의 형이상학(제2권) 및 미학(제3권)을 거쳐 마침내 윤리학(제4권)에서 정점을 찍는다.

아르투르 쇼펜하우어

미학적 주제에 대한 논의는 특히 그의 주저인『의지와 표상으로서의 세계』 제3권에 이르러서야 발견된다. 그럼에도 불구하고(경험을 지향하는 다른 사람들과 마찬가지로) 쇼펜하우어에게 미적인 것은 어떤 개별 학문의 대상이 아니라 전체 철학의 생의 요소로 취급된다. 그런데 철학은 근본적으로 미적인 것과 다른 것일까? 아름다운 구조와 우아한 양식은 논외로 치더라도, 직관적 관조 속에서 세계의 생동적인 본질을(의지로서) 밝혀 내는 일은 은유와 비유를 업으로 삼는 천재적인 행위와 정말 다른 일일까? 셸링 못지않게 쇼펜하우어 역시 그러한 미적인 활동이 형이상학의 기초를 이룬다는 전제 하에, 철학과 예술은 내적으로 강력한 친연성을 지니고 있다고 생각한다.

궁극의 것을 향한 마지막 관문

이 모두는 18세기 중반에 일어났던 것과 같은 미학적 움직임과 관련된다. 근대의 위기 속에서 의미의 결핍에 처한 현존재가 해석을 요구하고, 또 그로 인해 철학이 실천적으로 되어야만 한다는 목소리가 계속 커지자, 미적 영역에 어떤 토대로서의 의미가 부여되기 시작한다. 그러나 결과적으로 쇼펜하우어의 저술이 미적 영역에 근거를 두고서 실천적 영역에서 정점을 찍고 있다면, 그것은 통상 실천과 관련되는 희망을 전하는 것이 아니라 오히려 어떠한 역사적 유토피아도 그와 아무런 관련이 없다고 주장되는 한에서이다. 실러를 비롯한 낭만주의자들 및 이후 니체나 마르쿠제와 달리 쇼펜하우어는 (오직 키에르케고어와 유사하게) 미적인 것을 마지막에서 두 번째 연구로, 따라서 그편에서 보자면 마지막으로 극복해야만 할 대상으로 삼고 있다. 결국 쇼펜하우어에게 미적인 것은 윤리적이고 종교적인 것을 표명하기 위한 근거로 작용하고 있는 것이다.

이러한 상황은 그의 주저 제3권의 상세한 제목에서 분명하게 드러난다. "표상으로서의 세계, 제2고찰 : 근거율에 속하지 않는 표상 : 플라톤의 이데아 : 예술의 대상". 그에 따르면 예술의 대상은 특수한 방식의 표상으로 파악된다. 이를테면 그것은 실재성과 유한성으로부터 자유롭게 풀려난 표상이거나 혹은 어떤 대상에 대해서든 절대적으로 보이는 그러한 표상이다. 쇼펜하우어는 예술을 통해 세계에 가시적으로 드러나게 된 새로운 것을 플라톤의 '이데아' 개념을 끌어들여서 칭하고 있다. 이념에 대해서는 이미 (제2권) 자연의 해석에서도 소개하고 있다. 거기서는 자연 사물들의 단계적 질서가 이념으로 이해되었다. (늘 다른 모습으로 변하는 개별적 현상과 같은 방식이 아니라) "의지적 존재는 단계적으로 점차 분명하고 또 완전하게" 지속적으로 드러나는 것이라고 말이다 (SW I 245). 그런데 이러한 지속적이고 단계적인 드러남을 파악할 수 있기 위해서는 기본적으로 사색가와도 같은 인격으로 변화되어야만 한다. "만일 이념이 인식의 대상으로 되어야 한다면, 이는 오직 인식 주관 속에서 개인성이 지양되는 한에서만 일어날 수 있을 것이다"(SW I 246). 결국 인식이 의지의 수단이 되는 것으로부터 벗어나게 되면, 이는 올바른 길로의 고양과 같은 것을 의미한다. 그렇게 해서 비로소 인간이 된다. 마치 벨베데레의 아폴론처럼 "먼 곳을 둘러보는 그 머리는" "너무도 자유롭게 어깨 위에" 놓여 있으니, 이제 "육신에서 완전히 벗어나 그에 대한 걱정은 더 이상 하지 않는 듯 보인다." 쇼펜하우어는 이 섬세한 아폴론적 변수에 따라 인간들이 구분된다고, 즉 (수많은 바보들과 얼마 안 되는 현자들을 구분하는 태고의 지혜인 이원론에 따라) 완전히 다른 인간적 차이가 정해진다고 생각했다. 발광, 찢고 나옴, "개별 사물들에 대한 순수한 인식에서 이념에 대한 인식으로의" 이 갑작스러운 "이행"은 언제나 예외적으로만 가능하다. 좀처럼 흔하지 않은 순간 속에서, 그것도 미감적으로 특수한 능력을 타고난 사람에게만 가능한 것이다. 이처럼 이념에 대한 관조적 직관과 주관적 상황 사이에는 강력한 상호 관계가 작용하고 있다. 사물에 대한 일상적인 관찰 방식에서 벗어나 그것의 불변하고 지속적인 본질을 파악할 수 있도록 선택된 사람, 또 그렇게 해서 "이념, 영원한 형식, 의지의 직접적인 객관성"을 직관할 수 있는 사람은 결코 평범한 사람이 아니다. 그런 사람은 단지 표상하는 주체가 아니다. "그는 인식의 순수한 주체로서, 의지로부터 해방되어 어떠한 고통도 갖고 있지 않는 무시간적 주체이다"(SW I 256 f.). 직관에 깊이 빠져드는 동안에는 심지어 주관과 객관의 차이마저도 서서히 무화된다. 양자 사이에 일종의 동화가 시작되는 것이다. 쇼펜하우어는 짐짓 과장된 어조로 "이를 느끼는 자가 어떻게 자신을 자연과의 지속적인 대립 속에서 절대적으로 덧없는 자로 여길 수 있겠는가?"(SW I 265)라고 묻는다. 그럴 수는 없다. 따라서 일상적으로 이루어지는 대립 경험 대신 하나의 다른 경험, 즉 유일한 본질의 완전한 동일성과 하나가 되는 경험이 촉구된다. 그런데 어떻게 보면, 미적으로 세계를 지각할 수 있는 사람을 그리 부러워할 것도 아니다. [영혼의] 상승은 그만한 대가를 치러야 하기 때문이다. 고독과 고립, 그리고 되풀이되는 광기와 죽음으로 뒤덮인 세계에서 거리를 두기 위해서는 적지 않은 값을 치러야만 한다. 이처럼 쇼펜하우어는 그동안 수많은 논쟁을 불러일으켰던 '천재와 광기'로까지 미학의 주제를 확장시키고 있다. 쇼펜하우어의 이러한 생각은 일찍이 미학적 전형에 대한 바움가르텐의 찬양이 어쩌면 성급한 관념론적 결론이었을지도 모르겠다는 의심을 불러일으킨다. 저물어 가는 20세기의 심층 심리학에서 '천부적 재능의 드라마'로 분석된 저 비극적 차원이 [쇼펜하우어에 의해] 분명한 현상으로 드러나게 되었다. 쇼펜하우어에 따르면, 계속 상승하면 이루어질 것 같은 개인의 해방은 미적으로 아주 잠시 동안만 허락된다. 본질에 접근하는 일은 단지 파편적이고 짧게, 일시적으로만 일어난다. 그리고 그것은 영원히 위임의 형태로만 존재할 수 있을 뿐이다. 그러나 바로 이러한 측면에서 예술가의 완전한 의미가 마침내 성취되기도 한다. 예술가가 직관하는 이념은 "세계의 온갖 현상 속에서도 변하지 않은 채 머물러 있는 본질"(SW I 265)을 다른 사람들에게 전달하기 위한 것이다. 이념의 전달이라는 헤르메스적 과업을 위해 예술이 존재한다. 예술이 없다면 세계의 이념적 구조는 알려지지 않을 것이고, 그렇게 되면 모든 것은 그 속을 알 길 없이 무표정하게 존재하고 말 것이다. 그렇지 않고 예술은 부단히 노력하는 학문을 위한 것이자 오로지 "언제나 목적으로" 존재하는 것이다(SW I 265). 예술이 이념을 반복하고 전달함으로써, 마침내 모든 사람들은 이념에 대한 인식과 함께 "자신의 개인성을 잠시 동안 포기하고" 본질적으로 될 기회를 지니게 된다(SW I 278). 쇼펜하우어는 그 짧은 시간 동안 모든 의욕과 충동들이 무상하게 흩어져 버린다고 설명한다. 탐욕스럽게 갈망하는 욕구, 불안, 괴로움 등에 대한 근심 역시 중단된다는 점에서 미적인 작용은 칸트의 『판단력 비판』에서 언급된 무관심적 만족과 관련된다. 자신의 의지의 형이상학에서 쇼펜하우어는 미적으로 직관하는 동안 일어나는 자유로운 해방은 곧 욕구로부터 벗어나는 일이라고 규정한다. 그러나 이를 이해하기란 참 어려운 일이다. 왜냐하면 의지의 형이상학이란 틀 안에서 (어떤 형식이든 결코) 또 다시 의지가 되지 않을 그 어떤 것이 어떻게 달성될 수 있는지에 대한 설명은 없기 때문이다.

이러한 미적 상태에 대한 서술은 심미적 만족에 대한 이론(미론)을 비롯하여 헤겔과는 다른 방식으로 이루어진 예술의 체계에 대한 것 등, 많은 이론적 설명들을 동반하고 있다. [쇼펜하우어가 제시하는 예술의 체계는] 조형 예술(건축, 원예, 조소, 회화)에서 출발하여 언어 예술(시, 작시)을 지나 소리 예술에서 정점에 이른다. 음악은 모든 예술 중 가장 높은 곳에 위치한다. 음악은 단지 다양한 이념들의 모상이 아니라, 직접적으로 "의지 그 자체"를 완전하고도 충실하게 제시하고 있다(SW I 366). 고유하지만 동시에 보편적으로도 이해 가능한 하나의 언어로 말이다. 음악적인 것을 가장 우위에 올려놓으면서 쇼펜하우어는 (하만, 바켄로더, 노발리스, 니체와 다르지 않게) 철학이란 음악이 표현한 것을 개념적으로 반복하는 것이라고 진정 어린 어조로 설명한다 (SW I 368 f.). [철학적] 반복, 분명 그것만으로는 미적 지평에서의 인간 현존재에 대한 전체 진리가 획득될 수 없다. 예술가적 유희는 결코 자신 안에 머무르지 않는다. '연극 속의 연극'(SW I 372)은 저 마지막 중대사인 삶과 괴로움으로부터 영원히 벗어나라는 윤리학의 요청에 위안과 힘을 더해 준다.

정신적이면서도 감각적인 생명의 신비

그렇지만 윤리적으로 부상된 것들은 결국 역시 미적인 어떤 것이며, 따라서 필시 신비적인 영역으로 침잠해 들어간다. 쇼펜하우어는 세계와 현존재에 대해 확고하게 구축되어 있는 주장들을 극복하고자 한다. 이성은 이제 절대적 지배권으로부터 떨어져 나오게 되고, 그것의 궁극적인 무근거성이 적나라하게 모습을 드러낸다. 합리적으로 보장되어 있던 일치와 만족의 자리에 전혀 무근거한 불만족이 새롭게 등장한 것이다. 그런데 바로 이 지점에서 쇼펜하우어의 사유가 지니고 있는 의미가 분명하게 규정될 수 있다. 즉 그의 철학은 독단론도 아니요, 또 단순한 보편적인 언명도 아니다. 그것은 오직 욕구 외의 그 어떤 것도 드러내지 않는다. 그 자체로 욕구를 표명하는 언술인 그의 철학은 이론적 주장이 아니라 미학적이고 인간학적인 표명 방식에 속한다. 따라서 이러한 체계와 더불어 그의 철학은 "인간의 형이상학적 욕구"(SW II 206-243)인 세계와 삶, 실존의 수수께끼를 풀라는 근본적인 요구에, 일반적으로 제시되는 것보다 그리 적극적으로 응하지 않는다. 그런 까닭에 몇몇 대답에서는 실망할 수도 있겠지만, 그럼에도 불구하고 그의 철학은 여전히 진실을 말해 주고 있다. 문명의 이기 속에서도 결코 피할 수 없는 어떤 불편함, 또 표상 세계 속에서 늘 만나게 되는 어떤 곤궁함,

근대 합리성의 존립을 위협하는 어떤 결핍, 또 결코 만족할 줄 모르는 계몽의 그 한스러운 불만, 이에 대한 쇼펜하우어의 서술들은 강력한 설득력을 지니고 있다. 개념과 함께 전진할 것이라는 기대에도 불구하고 육체적이고 감각적인 현존재에게는 역시 그것만으로는 결코 채워질 수 없는 결핍이 반드시 드러난다. 그러나 쇼펜하우어의 아름답고 유려한 언변을 듣고 있노라면, 20세기 적어도 쇼펜하우어와 똑같은 정도로 완고한 프랑스의 잠언가 시오랑의 말을 듣는 것 같은 그런 깊은 염세주의에도 불구하고, 예상과 달리 우리네 현존재는 절망에서 벗어나 점차 기운을 차릴 수 있게 된다. 분명히 쇼펜하우어의 체계는 끊임없는 근거 짓기와 놀랍도록 다층적으로 얽힌 구조들로 이루어져 있다. 특히 그의 언술과 그 형식은 생명에의 단순한 천착이 아니라, 상처받고 괴로워하는 삶이 품고 있는 동경의 소리를 분명하게 들려 준다. 그 누구보다 토마스 만은 [쇼펜하우어의] 도움을 받아 실존에 부착되어 있는 그러한 사태를 제대로 묘사할 수 있었다. 그가 말하길, 쇼펜하우어의 저술은 "단순히 머리만이 아니라 심정과 감각, 육체와 영혼을 지닌 완전한 인간이 제시한 하나의 예술가적 세계관"(MS 252) 그 자체이다. 또한 그의 저술은 형식을 갖추었고 아름다움의 특질을 지니고 있으며, "완전한 인간 존재가 손수 체험하고 감수해 낸, 열정을 통해 획득한 세계상"임에 분명하다(MS 252). 괴테, 실러, 쇼펜하우어, 바그너, 니체라는 일련의 독일 사상가들의 생각을 자신만의 창조적 작업으로 이어가고 있는 (혹은 종결짓고 있는) 토마스 만은 다른 많은 사람들과 함께 쇼펜하우어의 저작을 "가장 탁월한 예술가의 철학"이라고 생각한다(MS 252). 왜냐하면 "이러한 사상이 지니고 있는 본질, 즉 그것의 가장 내적인 자연"은 곧 "충동과 정신, 고통과 해방 사이의 격렬한 대립 속에서 작용하는 긴장감 넘치고 정서적인", 실로 "역동적이며 예술가적인 자연"이기 때문이다(MS 252). 그리고 이러한 자연의 구체적 현시는 곧 그 자신이 감내하고 겪었던 경험의 힘을 통해 분명하게 드러난 개인 고유의 진리가 창조된 것에 다름 아니라고 할 수 있다(MS 252). 실로 예술은 정신적이면서도 동시에 감각적인 생명의 신비함이 직관되는 그러한 형이상학적 활동으로 현상한다. 지금 거론된 철학자들, 작가들, 음악가들은 마치 그것이 아니라면 삶과 결코 타협할 수 없을 것 같이 보이는 사유와 감각의 저 신비한 깊이를 분명하게 현시해 준다. 결핍을 드러내는 모든 표현에는 진정한 삶을 찾아 헤매는 애타는 목마름이 존재한다. 쇼펜하우어의 "죽음에 통달함"이라는 말은 곧 "죽음에 관심 있는 자"란 말과 다르지 않으며, 결국 "죽음 속에서 삶을 모색하는 자"와 같다고 할 수 있을 것이다(MS 274). 이는 분명 인간적인 실험이자 전적으로 예술가적인 작업이다. 그것은 느끼고 믿고 사유하고 행위하고 형상화하는 한 인간이 세계의 비밀과 가장 깊고도 가장 포괄적인 방식으로 연결되는 작업인 것이다.

아름다움과 신비가 사라진 자리, 그곳에서 구원되는 주체 : 쇠얀 키에르케고어

독일 관념론을 되돌아보는 동안 쇼펜하우어의 안티-관념론적인 전회가 발견되었다. 그런데 쇼펜하우어의 철학만큼이나 그냥 지나칠 수 없는 철학이 덴마크의 철학자 쇠얀 키에르케고어가 제시한 변증법적 실존주의이다. 그의 코펜하겐 대학 박사학위 논문만 하더라도 이미 '아이러니'라고 하는, (낭만주의적인 과도한 긴장을 유발하지는 않지만) 하나의 절대적이고 지배적인 계기를 바탕으로 하여 작성되었다. 그것과 더불어 "강화된 주체적 의식"이 활동하기 시작한다(BI 238). 이제 실체 개념의 오류 및 조야한 긍정성, 그리고 모든 것을 보편화하는 학문의 부당함 등에 맞서 실로 한 개인으로서 실존하는 삶이 제기되어야만 한다.

학위 논문 다음에 출간된 키에르케고어의 첫 단행본은 『이것이냐 저것이냐』(1843)이다. 이 책의 부제로도 표현되어 있는 이 파편화 된 "인생의 단편"을 이해하기란 적지 않은 어려움이 따른다. 다양한 관점에서 문제에 접근하고 있는 개별 단편들을 하나로 엮어 모음집 형태로 꾸민 이 책의 제1부는 미적인 것의 광범위한 현상학과 변증법적 반성을 다루고 있다. "디아프살마타"에서 시작하여 단막극 "첫사랑" 및 "하나의 처세론" 등을 거쳐 가장 유명한 "유혹자의 일기"로 이어지는 『이것이냐 저것이냐』는 단지 책의 제목에 불과한 것이 아니라 키에르케고어 사유 전체의 원칙이기도 하다. 헤겔식의 완벽한 매개적 사유에 대해 키에르케고어는 '이것이냐 저것이냐'라는 최후통첩Ultimatum을 보낸다. 모든 것을 종합하는 헤겔의 어구인 '~뿐만 아니라 ~도sowohl-als-auch'와 정반대로, '이것이냐 저것이냐entweder-oder'는 실존적 결단을 보여 주는 말이다. 나락으로 떨어진 실존의 위험은 이 말과 함께 사라진다. 선택하기를 거부하거나 회피해서는 안 된다. 키에르케고어는 미결정의 지점을 비판적으로 논박한다. 그의 실존의 변증법 내에서 심미적 [실존]은 직접성의 상태에 머물러 있는 것을 말한다.

직접성 혹은 음악적이며 에로스적인 것

심미적 인간 'A'의 논문에 따르면 음악적이며 에로스적인 것이야말로 미적인 직접성을 가장 잘 표현하고 있는 말이다. 이러한 사정은 위대한 작곡가들 중 단연코 모차르트에게서 가장 잘 드러난다. 그에 따르면, 모차르트는 오페라 〈돈 조반니〉에서 음악적이며 에로스적인 것의 근원적 이념을 탁월하고도 완벽하게 묘사하고 있다. 이 심미적 인간에게, 하늘의 벌을 받는 유혹자dissoluto punito 돈 후안의 전설을 토대로 하여 만든 이 희극(보다 정확히 말하자면, 드라마 지오코소dramma giocoso)의 음악은 매 순간 직접적이고 감각적인 천재성을 가장 순수한 형태로 발휘하고 있는 것으로 간주된다. 그런데 이러한 생각은 키에르케고어가 한편으로는 철학적이며 변증법적으로 사유하면서도, 다른 한편으로는 (그 안에서 직접 문제되고 있는 것은 아니지만) 결정론적이며 기독교적인 사고방식에 따라, 실제적으로 인간을 정신이라고 파악하고 있다는 점에서 파장을 일으킨다. 결국 감각 및 음악 속에서 반향하고 있는 감각적 삶은 직접적인 것이라고 추정되며, 정신적인 것에 반하는 것이자 비-반성적인 것, 매개되지 않는 것, 어둠, 설명할 수 없는 것 등으로 형성되기에 이른다. 파르메니데스와 플라톤, 그리고 오리게네스의 전통에 따라 말하자면, 음악적이며 에로스적인 것은 감각계 내지 현상계에서의 생에 직접적으로 상응하는 것으로서, 항구적인 운동이자 결코 쉬거나 멈추지 않는 부단한 연속이다. (오디세우스, 파우스트, 햄릿, 돈키호테, 로빈슨, 뮌히하우젠처럼) 문화적이며 인간학적인 한 전형을 보여 주는 난봉꾼 돈 후안은 육화된 반신반인이다. 그에게서는 언어나 사유, 반성이 제 역할을 하지 못한다. 오히려 그는 심미적 구조 속에서 격정 그 자체로 존재한다. 그의 관심은 오로지 유희와 쾌락, 도취를 향할 뿐이다. 그가 사는 방식은 유혹과 배반, 마음대로 왔다가 마음대로 가 버리기 등 결코 윤리적이지 않은 결정들로 이루어져 있다. 죽음이나 악마에도 눈 하나 깜짝하지 않는 돈 조반니의 열정 말고도, 이러한 심미적이며 에로스적인 상태를 잘 드러내는 두 가지 다른 계기들이 있으니, 동경과 헛된 꿈이 그것이다. 동경은 〈마술 피리〉에서 앵무새-인간 파파게노로 형상화된다. 그리고 꿈은 〈피가로의 결혼〉에서 소년 시종인 케루비노(그는 성경 속 인물 중, 타락 이전 천국에서 죄 없이 순수한 상태로 존재하는 아담에 비유할 만하다)에게서 특히 매혹적으로 잘 나타난다.

허무감에 빠진 심미적 실존은 어떠한 결정도 내리려 하지 않고 또 어떠한 관계도 맺으려 하지 않는, 그저 무심할 따름인 존재로 현상한다. 심미적으로 실존한다 함은 윤리적이거나 종교적인 눈에는

"침잠하려 하거나 내적으로 되길 의지하지 않는 것", 단지 존재할 뿐 [무엇이] 되고자 하지 않는 상태로 보인다.

그런데 '됨werden'이라는 것은 키에르케고어의 해석에서 대단히 흥미로운 부분이기도 한데, 말하자면 마치 헤겔의 『정신현상학』이 거짓된 '감각적 확신'으로 인해 부정의 길을 걸었던 것과 유사하게도, '됨'이란 심미적인 것 안에서 그러한 상태를 뛰어넘는 계기 그 자체를 완성하고 있는 것이다. 이 덴마크의 사상가가 말하길, 심미적으로 실존하는 자는 변모를 예감한다고 한다. 즉 심미적으로 실존하는 자는 자신이 그저 단순한 존재에 머무를 수 없을 것이라고 예감한다는 것이다. [키에르케고어의 말을 계속 따라가 보자면] 심미적으로 실존하는 자는 언제나 이미 우울로 그늘져 있다. 절망이 이 불행한 애미자in*felix aestheticus*를 엄습하고, 자신은 전혀 무근거하게 실존하고 있다는 느낌이 언제나 그를 찾아온다. 유한자로 뿌리박힌 그는 절망의 위협에서 벗어나지 못한다. 우울, 멜랑콜리, 절망의 기분에는 이미 직접성이 드러나 있다. 그리고 기독교적 실존 철학자에게서 이러한 상태는 결국 순수한 내적 실존의 불가피한 상황인 죄와 속죄라는 말로 귀착된다.

결단, 즉 현사실적 선택의 결과는 실존의 역사인 윤리적 동일성을 낳는다. 말하자면 결단에 의해 자신이 구성되는 것이다. 이로써 (일단) 미학 대신 윤리학이, 자연 대신 자유가, 감각 대신 반성이, 자유 연애 대신 결혼이, 예술가적 재능으로 먹고사는 대신 직업이, 즐기면서 하는 일 대신 단순한 수행이, 흥미를 유발하는 단 하나 대신 전체 관계가 요구된다. 심미적인 것에 대한 키에르케고어의 분석은 필시 윤리적이고 종교적인 표명을 개시하고 있다. 주체는 반드시, 즉 사색하는 정신이라면 반드시 단순한 내적 현존재로부터 빠져나와 일단은 윤리적인 영역으로, 그 다음엔 종교적인 영역으로 들어서야 한다는 것이다. 키에르케고어의 호교론적 입장, 즉 그의 근본 신학적인 그리스도교적 강화demonstratio christiana는 심미적인 것에서 윤리적 선택을 위한 최초의 선동이 일어난다는 사실을 밝히려는 의도를 지니고 있다. 현실에 맞서 싸우는 가운데, 실존의 낮은 영역을 떠나 윤리적인 영역으로, 그리고 마침내 종교적인 영역으로 올라가라는 명령이 내려진다. 이러한 과정은 특히 그의 책『인생 행로의 단계들』에서 인상적으로 전개된다. 물론 이러한 윤리적이고 종교적인 목적론에도 불구하고, 키에르케고어는 거부할 수 없는 완고한 요구라고 해도 예외가 존재할 수 있다는 사실을, 아니 분명히 예외가 존재하며 모든 사람은 개인적 특성에 따라 각자의 고유한 과업으로 존재한다는 사실을 인정한다. 기실 모든 개인은 이렇게 보든 저렇게 보든 한 명의 예외자[외톨이]로 존재할 것이라고 말이다. 보편적이고 윤리적인 영역에 머무를 수 없는 사람들에게서도 현존의 정당성은 전혀 손상됨이 없이 뚜렷하게 달성되어 있다. 윤리적 인간 'B'의 논문(심미적 인간 'A'에게 보내는 편지)은 한 명의 예외적 인간이 "외연에서 잃어버렸던 것을 어쩌면 내밀한 내면에서 획득하는 것은 아닐지" 생각하도록 한다. 그런데 경계선 바깥으로, 주변부 인간으로, 혼돈스러운 가치관으로 밖에 내놓인 자를 동시에 안으로 잡아끌어 심화시킬 수 있을까? 그것이 예외자를 위해 해 줄 수 있는 말인가?

죽은 듯이 살아가는 정신

키에르케고어는 매개에 관한 철학적 사유를 저 엄청난 헤겔적 형식에 적용하는 한편, 철두철미하게 심미적인 것을 매개될 수 없는 직접적인 것으로 파악한다. 따라서 신비적인 것 역시 그 자체로 참되지 않은 것이자 종교적이지 않은 것으로 거절되기에 이른다. 감각의 기만에 대한 고대 철학의 불신은 이제 분명히 비실제적 실존의 방식이라 할 기만적이고 감각적이며 감성적으로 존재하는 제도화된 기독교에도 해당된다. 또한 키에르케고어는 에로스적 사랑의 성취와도 같이, 분리된 것들의 결합을 단순히 심미적인 것으로 간주한다. 예로부터 철학에서는 심미적인 것에서 나타나는 본성과 향유를 소위 현존재에 대한 쾌락주의적 태도로 간주하곤 했다. 물론 그럼에도 불구하고 쾌락주의가 실제로 직접성을 의미하지는 않는다. 쾌락주의적 삶의 조화로운 형식은, 루크레티우스와 에피쿠로스가 선례를 남겨 놓은 바 있고, 또 이른바 염세주의자라고 하는 쇼펜하우어조차도 대단히 노련하게 그것을 일상에 적용할 수 있었던 것에서 보이듯이, 여러 가지 것들을 세심하게 고려하는, 성찰적이고 차별화된 삶의 형식이라고 할 수 있다. 실존적으로 해결되지 못한 문제는 철학적으로도 그대로 남아 있다. 예컨대 실러는 대단히 신중하게도 쾌락 및 모든 감각 일반이 원래부터 절제되어 있다고 생각했다.

> 아름다운 화음이 지닌 강력한 신성,
> 껑충거리는 날뜀을 다스려 도란도란 흥겹게 춤추게 하는구나,
> 네메시스가 타고 있나, 황금빛 고삐가 리듬을 타고 흔들리면,

거친 소리로 쉭쉭 대며 달려들던 욕망은 잠잠히 잦아든다.

(실러, 춤, v. 23-26)

이미 학위 논문 이래로 키에르케고어는 심미적이면서 쾌락적인 것을 줄곧 낭만주의적 생의 관점과 동일하게 정립하고 있다. 그의 이러한 판단은 근본적으로 파르메니데스와 플라톤, 아우구스티누스로부터 전승된 관점을 후기 관념론과 후기 낭만주의적 조건 하에서 반복하고 있는 것이다. 그들의 철학적 전제에 따르고 있는 키에르케고어의 급진적인 그리스도교 정신은 결코 어떤 근본주의자적인 (성서) 신앙이나 신앙주의, 혹은 성서주의가 아니다. 아울러 독실한 신앙심에서 나타나는 순수한 단순함도, 또한 계시의 실증주의도 아니다. 그것은 오히려 확실하게 명시될 수 있는 철학적 가설이라 함이 옳을 것이다. 그 밖에도 사도 바울의 육체에 갇힌 인간sarx에 대한 설교 역시 키에르케고어의 사유에서 중요한 역할을 한다. 육체에 갇힌 인간은 정신적인 존재에 이르려 하지 않고, 처음 태어난 자신 그대로 머무르려고 하는 사람이다. 바울의 훈계를 받아들이는 수준을 넘어 키에르케고어는 심지어 심미적 인간이 취하는 잠깐의 휴식마저도 거부한다. 이로써 결국 그의 신약적 성향에 따라 카르날리아carnalia(현세적이며 육체적인 것)의 자리에 스피리투알리아spritualia(정신적인 것)가 들어서게 된다. 정신적인 존재에게는 통합과 합일을 이루는 힘이 공인되어 있다. 이 명백한 종교적 인간학은 의지의 전환을 요구한다. 이러한 생각에 상응하는 일련의 순수주의자들의 계보가 엠페도클레스의 [단편집] "정화Katharmen"에서 시작하여 아우구스티누스, 파스칼, 데카르트, 칸트, 피히테, 쇼펜하우어, 키에르케고어로 이어지면서 유럽 정신사를 관통하고 있다. 영적이고 정신적인 관점에 따라, 복음서의 문구를 변형시킨 그의 책 제목이 보여 주듯이 생 그 자체는 "죽음에 이르는 병"이다. 특히 소크라테스 이래로 죽음은 삶이라는 '병'의 치료제로서 칭송되고 찬미되었다. 생이 그 한계에 이르러 소멸하게 되면 비로소 영적이고 정신적인 실존이 시작될 것이라고 말이다. 그러고 보면 키에르케고어의 말처럼 "정신은 마치 죽은 듯이 살아간다"(Tb V 363).

어쨌거나 영적이고 정신적인 모범에 따를 준비가 되어 있는 이 사상가에게 도대체 인간의 생을 실제적이면서도 최고도로 충족시키는 것은 과연 무엇인지에 대한 물음이 늘 따라다닌다. 아무리 그래도 충족은 즉각적이고 단순한 양적 만족에서 오지 않는다. 그렇다고 또 윤리적이고 도덕적인 확실성이 그러한 충족을 보장해 주는지도 불확실하다. 깨지지 않고 지속되는 행복은 언제 추구되고 어디서 발견되는가? 어디에서 [행복은] 완전하게 보호되는가? 모든 위험들이 차단되어 있는 곳은 어디인가? 실존하는 자가 자신의 영원한 지복 속에 있음을 알려 주는 표시는 과연 무엇인가? 참고 견디는 것인가? 이 모든 물음들은 구원의 보증이 과연 현세적인지 아니면 현세를 초월하여 있는지 하는 절박한 물음으로 이어진다. 사정이 이러하기에, 윤리학의 감성적이며 감정적인 기반은 결코 다른 것으로 대체될 수 없다. 쾌와 불쾌, 기쁨과 슬픔, 불안감 등을 느끼는 것은 전체에서 현존재의 의미를 묻기 위한 것만큼이나 매 순간 일정한 태도를 취하기 위해서 절대적으로 필요한 것이다. 의미를 묻는 물음에 대한 대답은 충분하게 전해져야 하며, 미적으로 기초되어 있는 경험의 보다 중요한 요소들이 감안되어야 한다. 쉽게 말해 자살이나 파멸 대신

쇠얀 키에르케고어, 27세경, 닐스 크리스티안 키에르케고어의 스케치, 1840년경, 덴마크 왕립 도서관

강화와 개선, 완성이 고려되어야 하는 것이다. 그중에서도, 전달하려는 경향을 지니고 있는 기쁨은 정서를 바탕으로 하여 구축된 사회성의 상승을 보여 주는 탁월한 예이다. 쾌락을 추구하고 그것을 극대화하는 것이야말로 실존의 과제이다. 거기에 가치를 부여하고 실존의 모든 요소들과 균형을 유지하는 일은 결코 허무주의로 귀결되지 않는다. 어떤 가치에 대한 감성적이고 정서적인 느낌을 통해 세상의 사물들을 긍정하거나 부정하고, 또 그럼으로써 그것의 현실적인 조건과 구체적인 상황에 충실하게 임하는 가운데, 실존은 경박함과 무책임, 무관심 등에 저항한다. 물론 합리성으로부터 너무 멀리 떨어지면 공허해지고 말 것이다. 결국 우리에게 남겨진 가장 긴급한 과제는 어떠한 것으로도 대체할 수 없는 심미적인 것의 특징을 강조하는 일이다.

플라톤이나 그노시스트들처럼 실존의 [현세적] 기반을 그만 단념하고 이를 넘어서고자 하는 키에르케고어(어쩌면 이는 가족으로부터 물려받은 그 특유의 우울한 기질에서 유래한 것일 수도 있다)를 우리가 그대로 따르기란 쉽지 않을 것이다. 또 기독교적 충동이 일어나 그것을 쉬이 철학적으로 논의할 때에도, 우리는 영지주의와는 반대로 육화에 관한 주요 역사적 사실을 거론하게 될 것이다. 즉 "순수한 정신이 되고자 하는 인간의 희망"과는 정반대로 "인간은 정신과 육체라는 [양자의] 변증법적 통일"

(Walter Schulz, 364)로 존재하고 있음을 통찰하게 되는 것이다. 또한 인간의 자기 생성에 관한 기본 주제인 일방적 초월 대신, 최소한 그와 같은 정도로 재림, 임재, 심화, 화신化身의 반작용 역시 강조될 것이다. 미적인 경험은 단지 향유하는 주체에게만 가능한 것이 아니라 인간 및 동식물을 포함하여 모든 사물 일반과의 연대 속에서 성취된다. 특히 그것은 참으로 값진 태도라 할 수 있는 자기 신뢰 속에서 이루어진다. 무엇과도 바꿀 수 없는 고유한 체험에 대한 조심스럽고도 주의 깊은 관심과 순종 속에서 말이다. 이는 끊임없이 붙었다가 떨어지기를 반복하는 두 모순적 힘이 만들어 내는 육체적이며 구체적인 자유의 근거를 마련해 준다. 심미적인 것은 분명히 양가적인 것이지, 일면적 차원에 그치지 않는다. 윤리적인 것과 종교적인 것 역시 양가적이다. 이들을 어찌 순수 긍정적인 것이라고 단정할 수 있겠는가! 비참한 처지에서 새록새록 피어나는 과도한 이상주의가 지니고 있는 위험은 심미적인 것, 윤리적인 것, 종교적인 것에 의한 위험이 보여 주고 있듯 언제나 그렇게 끔찍하고 위협적이다. 이것을 역사는 새삼 정치적인 것을 통해서도 충분히 처참하게 가르쳐 주고 있다. 이의 원인은 분명하다. 즉 세계가 도저히 해소할 수 없는 모호성 그 자체로 존재하고 있기 때문이다. 이에 따라 인간 간의 분쟁과 (미학적이며 신학적인) 희망 역시 결코 사라지지 않을 것이다.

예술가적 전달

키에르케고어의 사유는 소통의 실천에 관한 문제 역시 다루고 있다.

1846년 그의 주저 『철학적 단편』에 대한 완결적이고 『비학문적인 후기』가 가명으로 출판된다. 우리는 여기서 그의 전 저작을 특징짓는 "전달의 변증법"에 대한 상세한 논의를 발견할 수 있다. 직접 화법으로 이루어졌던 헤겔의 사변적 변증법은 이제 마땅히 예술가적 소통을 위해 자리를 비켜 주어야만 한다. 또한 소크라테스적 산파술(과 그의 영향을 받은 하만이나 레싱의) 전통 속에서 정신적인 존재의 탄생을 돕는 일이 수행되어야만 한다.

이 저술에 따르면, 세계사가 아니라 단순하고 소박하게 자신의 고유한 실존을 문제 삼고 있는 자는 자신의 사유를 전개시켜 나가는 한편, "실존하는 자는 언제나 생성 중에 있다"는 것을 파악하게 된다(UN 215). 사유가 보편에 이를지라도 그 사람은 한 명의 개인으로 실존하기를 멈추지 않는 것이다. 그는 생각들을 온전히 자신의 것으로 내면화하여 그것을 자신의 개인적 소유물로 삼아야 하는 과제 앞에 서 있다. 그런데 낭만주의에서와 유사하게, 이렇듯 자신의 소유물을 만듦과 동시에 주체는 고립된다. 결과적으로 모든 전달은 [밖으로 나가려던 것과는] 반대로 내면으로 향하게 된다. 그리고 그렇게 해서 생긴 긴장이 외부로 흘러들 것이다. 직접적인 전달은 허용되지 않는다. 사유-존재가 지니는 두 가지 측면을 기억한다면, 주체적으로 실존하는 사유하는 자는 다행히도 자신을 오해할 위험에서 벗어나게 된다. 즉 알아가는 활동을, 그 활동으로 인해 알게 된 것으로부터 구별해 내는 의식 속에서, 그에게는 전달이 하나의 중요한 과제로 떠오르는 것이다. 타자를 그의 편에서 자유롭게 해방시켜 주는 것에 전달의 비밀이 있다. 이러한 일은 외부에 의해 수동적으로 이루어지는 것이 아니라, 말 걸어지는 매 순간마다 저절로 일어난다. 따라서 전달은 오직 간접적으로만 일어날 수 있다. 순수한 자기 관계 내에서의 경험이란 달리 말하자면, 타자에 의해 고유하게 되고, 그럼으로써 자유의 경험이 전체적으로 증대되는 것을 뜻한다. 끝을 모른 채 계속 생성 중에 있는 자에게는 어떤 정해진 결론이란 존재하지 않으며, 오로지 계속해서 새롭게 진입해 들어가는 자유의 모험만이 있을 뿐이다. 인간을 실용적인 측면에서 바라보는 한, 주체적 사유의 자기 전달에서 드러나는 인간의 세심하고 신중한 면모는 부각되지 않을 것이다. 따라서 하이데거가 『존재와 시간』(§§ 35-38)에서 서술하고 있듯이 '잡담' 등의 일상적 전달에는 한계가 있다. 책임감 있는 전달은 두 단계의 반성을 거쳐 이루어진다. 첫 번째 단계는 정확한 단어를 찾는 것이다. 두 번째 단계는 "전달하는 자에 대한 전달하는 행위의 고유한 관계"에 관련된다. 특히 두 번째 단계는 본질적인 것, 가령 "전달하는 자가 실존 상태에서 이념과 맺고 있는 고유한 관계"를 비로소 되돌려준다(UN 204). 이념, 그것은 무한성에 가닿은 (파악 불가능하고 부조리한) 관계이자 실존하는 무한한 정신이라는 모순적 자기의식이다. 또한 시간을 초월하여 있는 것, 구분되지 않는 것, 변하지 않는 것, 완전한 것이 시간적 연속 속에서 발생한다는, 영원한 것이 [비로소 현실적인 시간으로] 생성된다는 엄청난 모순을 의미한다. 영혼 안에서의 무한성이라는 이러한 연결은 모든 전달 및 법칙 일반과 마찬가지로 모든 긍정성을 하나의 부정적인 것으로 만드는 것이다. 따라서 전달은 직접적으로 파악될 수 없는 것을 단지 지시할 뿐이라는 간접적인 방식으로 일어난다.

실상 직접적이고 객관적인 전달은 언제든 불가능하다. 왜냐하면 그것은 예컨대 거리 두기, 완수, 결과, 확인 등 현실적으로 실천하기엔 별로 적합하지 않은 조건들만을 전제하고 있기 때문이다. 실용적인 측면에서 전달을 위한 명확한 지식은 일반적으로 존재하지 않는다. 삶을 살아내는 방식은 언제나 독특하게 펼쳐지기에, 그것은 결코 가르침의 대상이 될 수 없다. 또한 모든 것을 배움으로 한정하려 해서도 안 된다. 키에르케고어가 교화적 언사를 복권시키는 것도 바로 이 때문이다. 『이것이냐 저것이냐』의 마지막 대목은 분명 하나의 설교이다. 이 강화의 (아울러 이 방대한 저술 전체의) 마지막 문장은 이렇게 말하고 있다. "진리가 세워졌다면, 그것은 단지 네 입장에서의 진리일 뿐이다" (EO 933). 이미 수사학에서 설명되고 있듯이, 말은 사유하고 느끼고 욕구하는 존재인 인간에게 가닿아 그들을 감동시키기 위해 풍부한 기지와 상상력에 의존하고 있으며, [따라서 이미 고착된] 관계들을 깨뜨리면서 언제나 간접적으로만 일어난다. 실존에 바쳐진 지식은 가치를 평가하고 선택하며 행위하는 한 개인의 현존적 활동에서 발생한다. 이러한 지식은 객관적인 학문으로 옮겨질 수 없다. 특히 주관이 세계를 이해하려 할 때 자신도 모르게 떠오르는 생각이나 바람, 상상 등은 아무리 노력해도 우회적으로만 표현될 수 있을 뿐이다. 어차피 삶은 개별적인 것들로 이루어져 있다. 개별적 실존은 자신을 규정해 나가는 그 활동 속에서 구성되며, 끊임없이 가능성들을 타진하고 포착해야 할 임무를 지닌다. 바로 그 속에 실존의 자유 및 그 무엇으로도 환원될 수 없는 그의 유일무이한 존엄성이 존재한다. 주관에서 나와 다시 주관으로 들어가는 진정한 의미의 전달이 가능하기 위해서는 예술가적 형식이 반드시 필요하다. 『이것이냐 저것이냐』는 그 어떤 저술보다도 탁월하게 [예술가적 전달을 위한] 길을 열어 준다. "왜냐하면 이 저술은 생에 대한 언급을 늘 그것의 실패를 통해 전달하려 하기 때문이다"(Wesche, 184). 키에르케고어의 철학적 사유는 그의 깊은 곳에 함축되어 있는 종교성에서 벗어나 20세기 실존주의 철학(사르트르, 카뮈, 마르셀, 비트겐슈타인, 야스퍼스)이 뿌리를 내리는 데에 결정적인 역할을 한다. 또 키에르케고어가 추론과 사변으로부터 선을 긋고 서정성을 택한 것은 릴케, 시오랑, 토마스 만과 같은 작가들의 의식을 더욱 강하게 만들어 주었다. 이로써 객관적 사유의 체계주의 외에, 문학[예술]을 통해서만 이루어질 수 있는 하나의 간접적인 호소(실험, 유희)가 그 어떤 것으로도 대체 불가한 고유한 의미를 지니게 되었다.

미학, 도덕, 신비주의의 종합 : 프리드리히 니체

"정신은 마치 죽은 듯이 살아간다." 이렇게 느꼈던 철학자는 자신을 소멸시키고 고행의 길을 가라고 당부한다. 또한 쇼펜하우어에서 갈라져 나온 극단적인 반미학적 언사는 헤겔의 입을 통해서도 전해진다. 『정신 현상학』의 그 유명한 서문은 정신의 삶을 다음과 같이 서술하고 있다.

> 죽음은 가장 두려운 것이니, 죽는다는 것을 확고하게 견지하기 위해서는 더할 나위 없는 힘이 요구된다. 무기력한 아름다움이 지성을 증오하는 까닭은 그로서는 감당할 수 없는 것을 지성이 요구하기 때문이다. 죽음을 회피하는 생명이 아니라 죽음을 무릅쓰고 그 안에서 자신을 유지하는 생명이야말로 정신의 생명이다. (PhG 29)

토마스 만 역시 예술가적 삶에 대해 서술한 자신의 초기 소설 『토니오 크뢰거』에서 인간이 "한 명의 창조자가 되기 위해서는 (…) 죽어야만" 한다고 적고 있다. 물론 정신이 언제나 그런 식으로만 묘사되는 것은 아니다. 예를 들어 괴테는 전혀 다르게 생각하고 있는 듯이 보인다. 그는 영감에 가득 차서 말하길, "그러므로 생명은 사랑이며, 생명의 생명은 정신이다”(서동시집, VIII, 20).

그러나 ‘무기력한 아름다움’에 내려진 전통 형이상학적 판정에 니체만큼 분명하게 맞섰던 자는 아무도 없었다. 그의 철학은 모든 전통적 사유에 대한 근본적인 반대이자 반란, 대립으로서, 가치의 전도를 꾀하고 있다. 괴테의 생각과 유사하게 니체에게 정신 그 자체는 생명의 가장 내적이고 강력한 생동성에 다름 아니다. 니체가 전통적 사유에 맞섰던 방식은 체계를 내세우는 것이 아니었다. 관념론적이며 정신을 강조하는 형이상학을 대신할 그의 대안적 모델은 환기, 잠언, 통찰 등의 스펙트럼으로 제시된다. 전통에 기대지 않고 언제나 새로운 시도를 거듭하는 가운데 그는 미래를 굳건히 세우는 데 필수적으로 보이는 것을 다시 소환하고자 했다. 그리고 전통적인 전제 하에서 이미 명확하게 규정된 것들을 니체는 허무주의로 특징짓는다. 그는 지금껏 미화되었던 여러 가치들과 관습적으로 따르고 있던 지향성들을 과감하게 타파한다. 니체에게 전통적 사유는 차이를 제거하는 균일화 과정이라고 간주된다. 그것이 아니었다면 현존재는 보다 가치 있게 살 수 있었을 것이다. 또한 그것은 ‘무엇을 위해서?’라는 물음에 대한 대답이 빠져 있다.

감각의 그 끝까지 사유하려는 노력

그러면 어떤 원칙이나 격률, 직관, 명제가 제시될 수 있는가? ‘정신은 마치 죽은 듯이 살아간다’라는 말과 정반대의 요구를 하는 것처럼 들리겠지만, [니체의 근본 직관은] “삶을 살아 있는 것으로 다루라”(KSA 1, 677)는 요청에 따라 제시될 수 있다. 따라서 철학이나 학문, 심지어 실천적인 영역에서조차도 차갑게 식어 있거나 죽어 있는 것은 인정될 수 없다. 그 안에서 생명의 가장 활발한 생동성이 힘들의 작용에 따라 스스로 확장 및 상승의 운동을 하고 있지 않다면 기꺼이 거절된다.

개인적으로든 사회적으로든, 올바른 방향과 길을 찾으려는 추동력은 자신의 순수한 욕구를 자각할 수 있는 개인의 능력으로부터 나온다고 생각된다(KSA 1, 333). 그의 욕구는 현명한 감각에 속하는 것으로서, 잘못된 욕구로부터 순수한 욕구를 분리시켜 그것을 알맞게 표현하고 올바른 방향으로 실천하는 법을 알고 있다. 개인이 지니는 이러한 능력에 따라 많은 것들이 좌우된다. 계몽 역시 욕구가 지니는 최선의 의도에 따라 이루어진 것이다. 리히텐베르크의 말대로 계몽은 "우리의 본질적인 욕구에 대한 정확한 개념"이다(Sudelbücher, J 231). 그러나 [계몽이] 기대했던 것과는 달리 욕구의 진정한 모습이란 정해지지도, 또 갑자기 의식되지도 않는다는 사실이 점차 분명해짐으로써, 이제는 욕구가 표출되는 그 통로를 찾는 일이 더욱 중요해졌다. 꿈이나 꿈-분석은 절대적인 왕도는 아닐지라도 욕구를 탐색하기 위한 하나의 좋은 길이 될 수 있다. 뿐만 아니라 여러 종류의 예술적이거나 문화적인 작업들은 그 자체로 무수히 많은 길들을 보여 주고 있다. 기본적으로 이 모든 방도들은 개인의 내면을 알리는 일에 봉사한다.

사실, 한 개인이 자율적인 존재가 되기 위해서는 "자신의 모든 감각에 대한 신뢰"(KSA 1, 329)가 필요하다. 감각에 대한 신뢰, 그것은 인간학적이고 미학적으로 사유하려는 근본적인 노력이라고 할 수 있다. 무엇보다도 전제되어야만 할 것은 자신의 고유한 감각에 대한 뿌리 깊은 믿음이다. 일단 자신이 고유한 존재로서 살아 있다는 사실을 직감한다면, 자신에게 이르는 통로가 열린다. 그런 다음 부정할 수 없을 정도로 확실하게 [자신에게] 귀속되어 있는 이 감각의 소여물을 밖으로 표출하여 눈앞에 제시할 수 있는 능력이 필요하다. 이로써 [감각이 본래 지니고 있는] 수용적인 요소에 표현적인 요소 및 전달과 관련된 소통적인 요소가 덧붙여진다.

> 감성적 상태는 과도하게 많은 전달의 매개를 지니고 있는 상태이자, 자극과 신호에 대한 극단적인 **수용성**의 상태이다. 그것은 살아 있는 존재들 사이의 전달과 전염 가능성의 정점인 것으로, 언어의 원천이기도 하다. (KSA 13, 296)

감성적인 관점에서 철학의 본분이 과연 무엇이냐고 묻는다면, 그에 대한 대답은 4부로 이루어진 니체의 철학적인 문학서 『차라투스트라는 이렇게 말했다』에서 찾을 수 있을 것이다. 이 저술에 따르면, 모순의 총체라 할 인간에게 고유하게 주어진 과제는, 자신의 고유한 감각을 긍정하고 확장하고 축적하여, 감각의 그 끝까지 사유하는 데 있다. 감각주의적으로든 유심론적으로든 어떠한 환원도 허용되지 않는다. 하나의 고유한 존재에게서는 그 어느 것도 삭제되거나 부정되어서는 안 된다. 그가 지닌 모든 것은 하나도 빠짐없이 통합적으로 지각되어야만 하며, 근본적으로 가장 탁월한 가능성으로 눈앞에 제시되어야만 한다. 물론 인간이 [이러한 감각적 작용 외에] 반성적 작용에 의해서도 움직이게 된다는 것은 부정될 수 없는 사실이다. 니체 역시 어떤 또 다른 기회와 모험들이 반성된 관계에서 비롯되고 있음을 부정하지 않았다. 다만 [반성과 관련하여] 니체는 전통적으로 너무

과도해져 버린 "정신의 자기 반영"(KSA 11, 639)에 대해서만큼은 이의를 제기한다. 그것은 정신이 타자와 어떠한 정서적, 감성적 관계도 맺지 못해, 이로 말미암아 세계와 정신이 극심한 공허감에 처해 있는 상태를 뜻한다. 사랑 없는 지성은 치명적인 독이라는 에피쿠로스의 말을 염두에 두고 있는 듯, 니체는 인간을 육체를 가지고 살아가는 자라고 칭하길 요구한다. 인간의 조건Condicio humana에 대한 무한한 신뢰와 함께 일전에 몽테뉴와 헤르더에게서와 마찬가지로, '대지 위의 몸'으로 존재하는 인간은 차이와 다양성 속에서 살아가는 생명을 의미한다. 하나가 아니라 많음이라는 필연적이고도 본질적인 조건 속에서 서로 화합하고 익숙해지는 과정, 생명은 이렇듯 늘 운동하고 있다. 인간은 자신의 감관 덕분에 보다 구체적인 관계를 맺을 수 있다. 육체를 가지고 살아가는 존재에게 절대적 거리란 존재하지 않는다. 감각적으로 기초된 현존재의 참모습은 바로 [타자 존재에] 연결되고 참여하는 것이다. 피와 살을 가진 인간은 단순히 연극의 관객으로만 존재하는 것이 아니라 결정적인 역할을 담당하고 있다. 따라서 감각의 그 끝까지 사유하려는 기술적 노력인 철학적 사유는 육체적이면서 동시에 정신적으로 전개되는, 현실적인 구체화의 과정이다. 말하자면 그것은 '감각의 정신화, 정신의 감각화'를 달성하는 것이라 하겠다. 이는 대지 위에 존재할 수 있는 능력을 강화하고 고양시키는 작업이다. 총 4부로 이루어진 지혜서 『차라투스트라는 이렇게 말했다』는 이러한 작업을 각 장마다 새롭게 펼쳐 보여 주고 있다. '가장 난해한 생각'인 '영원 회귀'에 대한 고찰은 가치 전도 사상에 대한 이론적인 보충 설명이지만, 어쩌면 실천적으로도 해석될 수 있을 것이다. 즉 직선적인 시간의 속박에서 벗어나 대지 위에 존재할 수 있는 더욱 고차적인 능력으로, 보다 충만한 생명으로 나아가라는 적극적인 주문으로 말이다.

실험적이라고 할 수 있는 그의 이러한 철학적 사유는 근본적으로 자기 스스로를 변화시키려는 시도에 다름 아니다. 니체의 사유는 확고하게 구축된 사유의 건축물을 지으려 하지 않는다. 오히려 사유는 쉬지 않고 꾸준히 조망하면서 펼쳐질 따름이다. 음악에 심취하여 아포리즘과 에세이의 형식을 즐겨 사용하고 있는 니체의 철학은 감성적 근거의 발생에 꼭 맞는 표현을 마련해 주고 있다.

양식의 생성, 취미의 발전

어쩌면 니체의 형이상학이라고 간주될 수 있는 그중심에는, 일체를 포괄하는 발생으로서 멈추지 않고 무한히 새롭게 뻗어 나가는 해석이 존재한다. 해석, 그것은 근본적으로 구성해 나가는 활동 일반이다. 니체는, "세계는 우리에게 (…) 단 한번 '무한하게' 생성되었다. 그런 한에서 우리는 세계가 무한한 해석을 자신 안에 품고 있을 가능성을 배제할 수 없다"고 말한다(KSA 3, 627). 따라서 "우리에게 [고정된] 진리란 없다"(KSA 9, 52)고 확신할 수 있는 바, 이제 현재는 지나간 모든 과거로부터 벗어나게 된다. 이는 다르게 생각하는 법을 배우고, 또 온 힘을 다해 지혜를 추구하는 노력이 중요하다는 말이다. 그 과정 중에 감수해야만 하는 슬픔인 그 "탄생의 고통"은 "자유의 왕국"으로 들어가기 위한 불가피한 통과의례이다(KSA 2, 105). 이렇듯 니체가 다루고 있는 것 역시

프리드리히 니체, 38세경, 구스타프 슐츠가 찍은 사진, 1882년 9월

분명 이성의 자유이다. 그러나 그는 독일 관념론자들과는 달리 "변화와 무상함에 대한 환희"(KSA 2, 363)의 공동 작용을 전제하고 있다. 이는 경험과 감각에 의지하고 그것의 도움을 받는 심미적인 이성을 의미한다. 따라서 양식을 일구어 나가고 취미를 발전시키는 것은 예술가적인 면모와 인식하는 활동이 합심하여 달성할 수 있는 것이다.

결국 철학을 한다는 것은 전달 가능성과 그것의 한계를 확인하는 하나의 실험이라 할 것이다. "새로운 방식으로 살기 위한 시도"인 『차라투스트라는 이렇게 말했다』에서 주인공은 그것의 주제인 사유의 사유를 직접적으로 표명하지는 않는다. 그럼에도 그것은, 인간 간에 소통과 전달이 일반적으로 존재하는지에 대한 결정적인 물음을 분명하게 던지고 있다. 이는 인간적인 문물들 속에서 이성의 가능 조건을 묻는 의미심장한 물음이다. 결과적으로, 전통에 따라 하나의 고정관념으로 자리 잡은 존재, 진리, 인식에 관한 개념적 구조물들은 모두 사라진다. 아울러 해석 행위의 보편적 관점을 고려하여 의지를 정신의 능력으로 간주하는 관념론적 주장도, 또 독단적 이성이나 선험적 범주 같은 자기 반영적 사유도 역시 약화된다. 주체도, 문법적으로 정리된 언어도 마찬가지로 약화된다. 이제 세계는 일련의 기호들의 연속으로서, 언제나 새로운 정립이 일어나는 현장이다. 세계는 부단히 발생하고 있는 해석의 장이자, 여러 관점들이 끊임없이 기투되고 있는 항구적인 자기 극복의 커다란 터이다.

니체의 서술은 세계에 대한 미학적이며 해석학적인 구성으로서, 미적 경험에 대한 반성의 계기를 제공해 준다. 미적 경험에는 어떠한 진리나 계산도 속하지 않는다. 또 완전한 해방이라는 목표도 설정되어 있지 않다. 여기에는 오직 창조적인 주의력만이 속해 있을 뿐이다. 가능한 것들에 귀를 기울이고 눈앞에 놓인 자신의 조건들을 세심하게 들여다보는 그러한 주의력 말이다. 이로 인해 마치 피디아스나 미켈란젤로 같은 뛰어난 조각가들의 망치질처럼, 한 번만 내려쳐도 안에 숨겨져 있던 것들이 어두운 잠에서 깨어나 비로소 빛을 보게 된다.

결국 예술가와 철학자는 가까이 있는 자들로서 서로 점차 동화된다. 니체는, 정말 탁월한 예술가이자 철학자였지만 전통적으로 그리 높은 평가를 받지 못했던 작가들이나 시인들, 사상가들을, 그중에서도 특히 잠언가들을 자신의 선구자로 생각했다. 그는 그들의 작품을 발굴하고 그들을 '인간 평가자'이자 '말씀 연마자'로 칭송한다. 프랑스에서는 그들을 모럴리스트Moralist라고 부른다. 통상적인 생각과는 달리 그들은 도덕을 설파하는 설교자들이 아니다. 너무나 과도하게 도덕의 긍정성을 상찬하여 일반적으로 경멸의 의미를 지니고 있는 '도덕주의자'라는 말은 프랑스에서 '모럴리스트'라고 하지 않고 보통 '모랄리자퇴르moralisateur (스페인어로는 모랄리자토르moralizator)'라고 부른다. 섬세한 감각을 가지고 있는 모럴리스트, 그러니까 몽테뉴를 시작으로 해서 라 로슈푸코, 라 브뤼예르, 보브나르그, 그리고 샹포르에 이르기까지, 이들은 어떤 도덕적 준칙을 세우려는 사람들이 아니라, 오히려 그것을 철저하게 상대화시키는 사람들이다.

이들은 날카로운 관찰력과 풍부한 기지로 세련되고 재치 있는 말을 구사하여, 순간적으로 전체 상황을 또렷하게 조망해 줄 그러한 불꽃을 일으킬 수 있는 자들이다. 라 로슈푸코는 이렇게 말하고 있다. "일반적으로 우리의 친구들에게 가슴을 활짝 열지 못하도록 막는 것은 그들에 대한 불신이라기보다는 자기 자신에 대한 불신이다"(Aph 315). 짧은 한 마디 말에서 번뜩이는 이러한 섬광은 현존재의 핵심적인 정신 활동이 지니는 가장 간명한 형식을 보여 준다. 이름 하여 해석에의 능력을 말이다. 일상의 상황들은 바로 이 같은 방식으로 의미를 지니게 된다. 앞서 지나간 의미로부터 [무엇인가를] 창조적으로 도출해 낼 수 있는 가능성이 점차 성장한다. 실제로 어떤 결과가 나올지 미리 말할 수 없음은 너무도 당연하다. 그것은 각자에게 맡겨져 있다. 그리고 바로 이 속에 미학적이며 모럴리스트적인 술화述話가 품고 있는 자유의 영역이 존재한다. 예술가-철학자는 마치 우리와는 아무런 상관도 없다는 듯한 살풍경한 객관으로서의 세계가 아니라, 인간적인 일들을 다루는 자들이다. 그들은 우리가 이미 감성적이고 감각적인 토대에 의해 우리 앞에 놓인 사물들과 줄곧 연결되어 있었다는 사실을 생생하게 보여 준다. 이는 근거리에 있는 사물들을, 아니 이 땅의 모든 사물들을 그냥 지나치거나 하찮게 보지 말고, 그것들을 사랑하라는 호소이기도 하다. 또한 인간적인, 너무나 인간적인 존재에게는 따뜻한 관심과 세심한 주의를 마땅히 기울여야 하며, 인격적으로 존중해 주어야 한다. 세계의 사물들과 인간 자신의 감각에 대한 사랑은 니체가 헤라클레이토스처럼 표현한 바 있듯, "삶이 새겨 놓은" 발자취이다(KSA 11, 587).

18세기 이후의 미학적 전통은 니체에서 정점을 이룬다고 할 수 있다. 그의 저술을 하나의 체계로 정리하려고 주춤거리고 있다면, 그러는 사이 니체 철학이 지니고 있는 엄청난 생명력은 그만 상실되고 말 것이다. 완연한 감성적, 모럴리스트적 전통 속에서 몸을 가지고 살아가는 인간에 주목하는 니체의 철학은 인간적 교화paideía, παιδεία를 호소하고 있다. 즉 그는 미적 경험에 대한 논의와 대화가 앞으로도 계속해서 이루어질 수 있도록 하는 그러한 교양의 힘을 부르짖고 있는 것이다. 그런 한에서 역시 니체의 '거리 두기의 파토스'는 필수적인 자세이기는 하지만 자기 목적적인 것이라고는 할 수 없다. 그만의 교화를 주장하기 위해서는 모든 것을 평준화 시키려는 근대의 경향과 분명하게 구분되는 어떤 질적인 차이가 필요하다.

표현의 형식

미적인 표현 형식에 대한 강조는 『차라투스트라는 이렇게 말했다』를 비롯하여 니체의 여러 저술들에서 등장한다. 그중 가장 우선시되는 것은 바로 춤이다. 니체에게 춤은 (그 이전의 실러나 노발리스를 비롯하여, 그 이후의 호프만슈탈이나 폴 발레리, 릴케에게서와 마찬가지로) 고양된 삶과 상승의 운동에 관한 훌륭한 예증이다. 또한 타성에 젖은 삶의 극복이자 정도를 벗어나지 않는 유희로 제시된다. 노래 역시 탁월한 표현 형식이다. 그의 글에서는 "노래하라, 영혼이여"라며 자신을 타이른다거나 "이 영혼이 노래했더라면" 하며 한탄하는 소리가 자주 들린다. 또 아포리즘이나 경구, 일화 등의 형식 외에도 운문이나 서정시, 시가 형식의 문장들이 다수 등장한다.

> 오 나의 영혼아, 나 너에게 '오늘'을 마치 '머나먼 미래'처럼, '아득한 옛날'처럼 노래하라 가르쳤으니, 그리고 여기와 거기와 저기, 온 곳을 빙글빙글 돌아가며 춤추라 가르쳤으니.
> (…)
> 오 나의 영혼아, 더 사랑하고 더 포옹하고 더 넓어질 영혼은 이제 어디에도 존재하지 않으니! 미래와 과거는 너의 곁보다 어디서 더 가까이 있겠는가?
> (…)
> 오 나의 영혼아, 나 너에게 모든 것을, 내 마지막 남은 것마저 다 주었다, 너에게 내민 내 두 손은 이제 빈 채로 남겨졌구나: — 나 너에게 노래하라 청했으니, 보라, 내 마지막 남을 것을!
> (…). (KSA 4, 278-281)

영혼이 자연에 목소리를 빌려 주자, 껍질에 불과하다며 부끄러워하던 자연의 모습은 서서히 사라진다. 무겁고 두려웠던 정신은 웃음과 농담을 주고받으며 훨훨 날아다닌다. 수동적이기만 했던 연민의 마음 대신 기쁨의 마음이 경쾌한 걸음으로 모습을 드러낸다. 목적에 사로잡혀 갑갑했던 마음은 한결 자유로워진다. 놀이는 이 모두를 포괄할 수 있는 개념이다. 이제 미학은 이러한 은유적 표현과 더불어 육체적이고 감각적인 실천으로 옮겨 적힌다. 사유 역시 기꺼이 예술과 삶이 서로 교차하도록 돕는다.

창조하는 인간이 자신의 편에서 미적 가상이라는 제2의 세계를 현실에 부가하고, 이내 진실과 가상적 삶의 이해관계 속에서 변증법적 매개와 지양을 요구하지 않는다면, 그것은 사유하는 자에게 대단히 불쾌한 일임에 틀림없다. 이중화는 처음부터 그렇게 늘 배가된 채로 주어져 있다. 낭만주의적으로 말해서 삶은 매일 매일 새롭게 형성되는 한 점의 예술 작품이다. 세계와의 첫 교감을 구체화하는 사람, 감성을 근거로 하여 자유롭게 실천할 수 있는 사람, 이에 적합한 인간상은 해석하고 창조하고 소통하는, 개인적이면서도 동시에 사회적인 인간이다. 예술은 [우리를] 위안하거나 적당히 달래 주지 않는다. (예술은 쇼펜하우어가 말했던 고요도, 진정제도 아니다.) 오히려 현존재는 예술가적으로 드러난다. 생명은 그 자체로 "구성하는 정신"(KSA 11, 129)이요, 세계 전체는 "스스로 산출하는 예술 작품"(KSA 12, 119)이다. 예술가적 형이상학으로부터 결국 인간이 전체 자연을 움직인다는 놀랍고도 의미 있는 전망이 시작된다. 그렇다면 노래하고 춤추고 웃으며 놀이하는, 그리고 기쁨과 축복을 느끼는 이 모든 일들은 곧 인간 되기의 과정으로서 완전한 우주적 발생을 보여 주고 있는 것인가? 니체가 실제로 현실 전체를 염두에 두고 있었다는 사실을 고려해 보면, 이는 어쩌면 고대 그리스적인 (이를테면 플라톤과 신플라톤주의 외에도 이집트의 자이스에서 유래된 우주신론의) 전례에 따라 신성을 상징화하고 사유해 보려는 (순수-종교적인) 시도일지도 모르겠다. 또한 헤라클레이토스적인 면모 역시 발견되니, 니체는 처음부터 '선악의 저편'을 향해, 특히 스피노자와 횔덜린에 의해 다시 소환된 순수한 하나이자 모든 것Hen kai pan을 향해 있는 것이다.

> 더욱 지고한 원리가 존재한다. 모든 구별들은 하나의 거대한 통일의 물줄기가 되어 그 앞을 흐르고 있고, 모든 전개들이 그 안에서 단계적으로 일어나고 있다. 모든 것은 저 광대한 바다로 흘러들어가니, 그곳에서 세계 전개의 모든 동기들은 하나로

합일하여 혼융된 채로 재발견되는 것이다. (HK 2, 59)

그러나 이러한 [더욱 지고한] 원리가 아닌, 전통적으로 파악되었던 신은 이미 죽었다. 죽은 (유일)신은 니체에게 현실적으로 존재하던 신이 아니라, 단지 오류를 수용하여 만들어진 신, 즉 순수하고 절대적이며 초월적인 정신으로 정립되었던 신이다. 추상적인 정신 역시 마땅히 현실의 한 부분일 수 있겠지만, 신이 정말로 신이라면 그는 어느 한 부분이어서도, 또 추상적인 무생명이어서도 안 될 것이다. 니체의 미학적이며 종교적인 선택은 그러한 '무신론'에 반대한다.

신화적 선(先)-형상

그리스 신화의 다신론적인 세계관은 수많은 삽화들에서 구체적으로 확인할 수 있다. 신의 죽음은 바로 여기 '판Pan'에게서 먼저 형상화되고 있다. 판은 목동의 신이자 숲의 신이다. [그를 표현하는 말들은 많다.] 절반은 자연의 몸을 하고 있는 신, 염소의 다리와 뿔을 가진 신, 정착하지 않고 여기저기를 돌아다니며 정오를 사랑하는 신, 갑자기 튀어나와 '판 같은' 소리로 나그네를 질겁하게 만드는 신, 끊임없이 에로스적인 쾌락을 추구하여 자연의 모든 생명체들의 모습을 바꾸어 놓는 신, 본래 음악과 더불어 표현되는 신. 판은 하프(키타라)를 갖고 다니지 않는다. 그는 손에 들고 있는 갈대 피리, 시링크스를 분다. 다른 신이 아니라 오직 판이라는 이름으로 신이 죽었다는 소식이 전해진다. 문헌은 경악에 가까운 외침을 전하고 있다. “위대한 판이 죽었다ho mégas Pán téthnēke, ὁ μέγας Πάν θέθνηκε.”

헬레니즘 시대의 지성인이자 문필가인 플루타르크가 자신의 저서『신탁 수락에 관하여』에서 전하길, 카이저 시대 티베리우스가 그리스에서 이탈리아로 항해하던 도중 어느 날 저녁 갑자기 바람이 멎게 되었다고 한다. 그래서 그는 배를 어느 섬 쪽으로 몰았다. 그런데 거기서 갑자기 어떤 목소리가 들려와 배 위의 사람들을 모두 깜짝 놀라게 했다. 그 목소리는 이집트인 조타관의 이름인 타무스를 부르는 것 같았다. 그는 자신의 이름이 여러 번 불린 뒤에 간신히 대답했다. 그러자 그 목소리는 더 큰 소리로 그에게 말하길, “팔로데스에 도착하면, 위대한 판이 죽었다고 전하라.” 그 말에 모든 사람들은 아연실색했고, 과연 그 일을 수행할 수 있을지 따져 보기 시작했다. 결국 그들은 바람을 크게 신경 쓰지 말아야겠다고 생각했다. 바람이 좋으면 앞으로 나아가고 바람이 멈추면 자신이 들은 바를 전할 준비를 했다. 이윽고 바람은 그들을 팔로데스 앞으로 데려다주었다. 바다는 잔잔했다. 타무스는 자신이 들었던 대로 “위대한 판이 죽었다”고 큰 소리로 외쳤다. 보고서는 이러한 외침에 여러 사람들의 놀람과 탄식의 소리가 높아졌다는 말로 마무리된다. 이 이야기는 일종의 상실감, 이를테면 우리 영혼이 곤궁해졌다는 느낌을 전해 준다. 위대한 판이 죽었다는 이야기로 귀결되는 한, 이는 신화로부터의 결별 및 자연과의 단절로 옮겨 적을 수 있는 지난한 세월의 흐름과 관련된다.

판을 비롯한 다른 모든 신들 위에 비극의 신 디오니소스가 존재한다. 물론 판 역시 비극의 신 대열에 당당히 속해 있긴 하지만, 디오니소스야말로 비극적 생의 전형이다. 그는 파괴적이고 비참하기 짝이 없으면서도 또 그와 똑같은 크기로 결코 파괴될 수 없으며 쾌락으로 가득 차 있는 이 지상의 생을 보여 주고 있다. 그의 이름은 고통에도 불구하고 아름다운 신으로 찬양받는 현실을 대표한다. 그는 생의 긍정에 대한 상징이다. 부정되거나 이분법적으로 구분되는 생이 아니라 전체 생에 대한 긍정의 상징 말이다. (이에 대해서는 뒤에서 더 설명하도록 하겠다.)

그 밖에 자연의 비밀을 파헤치는 지혜로운 마술사, 오이디푸스가 있다. 스핑크스의 수수께끼를 푼 자, 아버지를 살해한 자, 어머니의 남편이 된 자, 그에게서는 비극적 변증법이 발견된다. 가령 "자신의 지식을 통해 자연을 무화의 심연으로 떨어뜨린 자는 바로 그 자신에게서도 자연의 소멸을 느껴야만 할 것"이다(KSA 1, 67).

비탄에 잠겨 있는 소극적인 태도와는 달리 티탄족 프로메테우스는 인간과 신 모두가 따르고 있던 그 영원한 법을 철저히 위반하는 엄청난 일을 벌인다. 그는 하늘에서 불을 훔쳐다가 지상으로 가져온다. 이는 인간을 위한 문화의 상징임과 동시에 신성에 대한 모독이자 강탈 행위라고 인식되기도 한다. 최선, 최고의 것을 누리기 위해, 인류는 밀려드는 고난과 고통의 물결을 감내해야만 한다. 오이디푸스에게서 (쇼펜하우어적으로 보이는) 성인의 전형이 제시되어 있다면, 프로메테우스에게서는 마력을 지닌 천재적 예술가의 모습이 그려진다. 거인족 출신답게 힘차게 앞으로 나아가려는 본성을 지닌 프로메테우스는 무서운 줄도 모르고 직접 나서서 (아폴론적인 신성한) 정도와 한계를 끊임없이 파괴하고 이겨낸다는 점에서 디오니소스와 하나이다.

우주적 조화를 열망하는 근원적인 노력은 한 명의 영웅을 통해서도 그려질 수 있는데, 니체는 그에 관해서는 별다른 언급을 하지 않는다. 이름 하여 키타라 연주자 오르페우스 말이다. 지상 세계와 지하 세계를 두루 짐작하고 있는 자, 고통 속에서 죽었다가 다시 살아난 자, 아폴론적인 것과 디오니소스적인 것을 자신에게서 하나로 지니고 있는 노래하는 사제. 그는 르네상스 이래로, 혹은 조금 더 늦게는 낭만주의 이래로 심미성과 종교성을 가장 순수하게 통합하고 있는 인물로 그려진다.

본질적으로 이들에게서는 참을 수 없는 격정과 비통함을 변환시켜 보려는 노력이 발견된다. 이기적으로 사는 것을 인간의 과오로 간주하는 몇몇 (기독교적이거나 불교적인) 전통과 달리, 니체는 자기 중심적 생을 복권시킨다. 살아 숨 쉬는 자기 자신이 없으면 말 그대로 어떠한 삶도 있을 수 없기에, 그동안 금기시되었던 이기심은 이제 보다 넓게 이해받을 수 있는 지평으로 옮겨간다. 또 여기에 도덕 철학적으로 금기시된 '세 가지 악' 중 두 가지 악인 지배욕과 육욕이 추가된다. 현대적인 표현으로 하자면, 개인의 삶은 감성적이고 정서적인 것을 기반으로 하여, 성적인 욕망과 공격적인 힘, 자아 도취로 만연된 하나의 장을 형성하고 있는 것이다. 그렇게 놓고 보니 역시 삶은 그냥 내버려져 있는 것tale quale이 아닌 것만 같다. 니체는 일종의 인간-연금술이 모든 비탄을 '환희'로 전환, 배가시키는 가정을 해본다(KSA 2, 569). [삶의 기술로서] 기초-인간학적-제련술을 마련할 단초가 발견된다면, 참다운 욕구로 의식이 보다 향상될 수 있을 것이라고 말이다. 어쨌든 모든 부담을 털고 그렇게 가볍게 높이 올라간 현존재에게는 '변신은 무죄'라는 말이 어울린다. 단일한 존재에 대한 전통적이고 형이상학적인 절대 정립 대신, 그 자리에 변화와 생성이 정당하게 들어선다. 더 이상 '너는 ~해야만 한다'는 명령에 따를 필요가 없다. 또 녹초가 될 정도로

지긋지긋하게 노력하도록 만드는 '나는 ~할 것이다'라는 말에도 복종할 필요가 없다. 그런 말들이 아니라 이제 '나는 존재한다'라는 말이 헤라클레이토스가 파악했던 놀이하는 아이와 똑같은 모습으로 무대 위에 등장한다. 생은 그렇게 온전히 자신의 형상을 갖추게 되었다.

감각적 자극과 이성적 정당화 사이에서

이 모든 논의들은 차이에 대한 사유만을 강조하고 있는 것은 아니다. 이보다 더 중요한 것은 결코 포기할 수 없는 자유에 대한 사유이다. 급진적인 니체 해석가인 프랑스의 조르주 바타유가 분명하게 주장하고 있듯이, 궁극적으로 자유는 오직 내적으로만 이해될 수 있으며, 뒤돌아보지 않고 자신 안으로 과감히 뛰어 들어감으로써만 생생하게 체험될 수 있다. 규범과 안락함에 대한 니체의 거부는 그 자체로 존재의 생동적인 진리가 귀환했음을 공언하는 것이다. 『비극의 탄생』이 지속적으로 영향을 미치는 데에는 그럴 만한 충분한 이유가 있다. 니체의 이 첫 저술은 계속해서 전진해나갈 힘을 촉구하고 불어넣는 하나의 선언문이다. 누가 봐도 진실한 고양된 삶에게 주어진 주된 과제는 합리화의 모든 지평에서 자신의 고유한 생동성을 느끼는 것이다. 그리스 고전기 이전, 즉 소크라테스와 플라톤 이전의 초기 그리스 시대는 이를 위한 하나의 모범으로 제시될 수 있다. 이 시기는 신비가 살아 있던 시대로서, 아르카익 서정시와 소크라테스 이전 철학의 시대이자 비극의 시대이기도 하다. 이 시기 폭력과 고통, 죽음에도 불구하고 삶에 기뻐하는 자들이 넘쳐 났던 것을 보면, 대단히 놀랍기도 하면서 생각할 거리를 많이 던져 주기도 한다. 모든 긍정을 총괄하는 개념은 바로 '디오니소스적 지혜'이다. 그것은 생이란 "파괴될 수 없이 강하고 기쁨이 넘치는 것"이라는 확신을 갖도록 도와 준다(KSA 1, 56). 이는 서정시인의 모습에서도 잘 드러난다. 서정시인은 "디오니소스적 예술가로서, 본래부터 하나였던 자신의 고통과 모순을 자신 안에 통합하여, 이 근원적 하나임을 본떠 음악으로 만들어 낸다"(KSA 1, 43 f.). 음악은 시인에게 아폴론적인 꿈의 환영과도 같이 보인다. 그 속에서 음악의 근원적 고통은 '구원받는다'. 서정시인은 그 형상 속에서 "세계의 심장"과 자신의 (감각적이면서도 신비적인) "통일"을 직관한다(KSA 1, 44). 이는 진정 놀랄 만한 일로서, "서정적 천재는 사물들에 깃들어 있는 각자의 그 유일무이한 자기성을 그것의 모상을 통해 사물의 근간에 이르기까지 완전히 통찰해 낸다"(KSA 1, 45)고 니체는 강조한다. 실로 시인은 어떤 우연적인 주체가 아니다. 다른 말로 하자면, 예술가는 [사물에 깃들어 있는] 전일적 주체가 가상 속에서 기꺼이 구원될 수 있도록 하는 매개자이다. 인간 역시 궁극적으로 그 자체로서 형상이자 예술가적 반영물로 간주된다. 인간은 곧 "예술 작품이라는 의미에서" 자신들의 "가장 지고한 존엄성"을 지닌다(KSA 1, 47).

따라서 비극서의 기본 주제는 "현존재와 세계는 오로지 감각적 현상으로서만 영원히 정당화된다"(KSA 1, 47)는 사실이다. 이 땅에 존재하는 인간, 세계, 모든 사물 일반의 모습은 한편의 거대한 '희극'일 것이다. 근원적 하나가 제작자이자 동시에 관객으로서 영원히 즐길 준비를 하고 있는 그러한 '연극' 말이다. '세계의 근원적 예술가'와 합일을 이루고 있는 상태인 신비적 직관intuitio mystica

(KSA 11, 232)은 모든 것을 두루 꿰뚫어 보는 통찰력을 지니고 있다. 니체가 예술의 본질로 새롭게 제시하고자 한 것은 현존의 완성 속에서도 결코 해소되지 않는 신비로움으로서, 다른 말로 하자면, 모든 것이면서도 유일한 것, 주관이자 객관, 시인, 배우이자 관객, 하나이자 모든 것을 직관할 수 있는 하나의 눈이다.

이미 헤르더는 민요를 "세계에 대한 음악적 반영" (KSA 1, 48)이라고 평가한 바 있다. 멜로디로 시작해 행과 연이 이어지면서 한 편의 시가詩歌가 탄생한다. 일정한 형식을 갖춘 민요의 가사를 보면 음악을 모방하려는 언어의 노력이 강하게 느껴진다. 그러나 언어만 가지고는 "세계의 상징으로서의 음악"을 성취하기란 불가능하다. 언어는 "음악의 가장 깊고 내적인 것을 외적으로 전환"시킬 수 없기 때문이다. 언어는 음악과 단지 외적으로만 닿아 있을 뿐이다. 니체에 따르면, 음악의 의미는 "근원적 일자의 가슴에 남아 있는 본래적 모순과 고통에" 대한 상징으로서, 어떤 문장이나 서정적인 말을 통해서도 청자에게 "전달될 수 없다"(KSA 1, 51 f.). 실로 음악이 없다면 삶은 하나의 오류일 것이다.

니체는 종교적인 것의 근원에 비극이 존재한다고 생각한다. 비극의 시초는 합창극의 형태를 취하고 있었다. 그리스인들은 평범한 일상 위에 '공중 누각', 즉 가상의 자연인 연극 무대를 설치하여 사티로스의 합창극을 올린다. 사티로스로부터 디오니소스의 지혜가 전해지면 그동안 분리된 채 단독으로 살아 왔던 모든 존재들이 하나의 강력한 일체감에 빠지게 된다. 이러한 경험을 통해 문명인들은 잠시 동안만이라도 자연의 심장 소리를 다시금 듣게 된다. 또 현존재의 비루함과 부조리에 대한 견딜 수 없는 혐오스러움은 그런대로 견딜 만한 것으로 표상된다. 예술은 "삶의 가장 큰 자극"이다(KSA 13, 299). 디오니소스 연극이 절정에 이르러 인간의 실상과 본성을 일깨우면, 참가자들은 자신이 사티로스로 변신하는 모습을 보게 된다. 열광, 황홀경, 신성한 고통, 자연의 지혜와 그의 양성적兩性的 전능함에 대한 외경심과 같은 자신 안의 강한 충동들이 구체적인 모습으로 형상화되는 것이다. 바젤에서 고전 문헌학을 가르치던 청년 교수 니체는 이 파국적 합창의 실제적 구성을 두고, 근원적 자연 현상을 추후에 예술가적으로 모방한 것이라고 이해한다. 디오니소스 연극을 보는 자와 디오니소스로 변한 자가 서로 분리되어야 함에도 불구하고, 사람들은 자신들이 "춤추고 노래하는 사티로스의 합창"(KSA 1, 59) 속에서 계속 모습을 바꾸며 뒤섞이고 있다는 것을 깨닫게 된다. 함께 노래 부르며 춤추는 그 모습은 디오니소스적 인간의 자기 반영이다. 무대를 만들어 그 위에 연극을 올리는 일, 또 함께 노래하고 관람하는 일, 이 모두는 지체하지 않고 자신의 모습을 바꾸는 하나의 생생한 변신 활동으로서, 디오니소스의 형상을 그대로 보여 준다.

이처럼 그리스 비극은 아폴론적인 형상의 세계에서 끊임없이 새로운 모습으로 터져 나오는 디오니소스적 합창극으로 이해된다. 합창 파트는 연극에서의 초자연적 환영에 대한 근거로서, 자연의 꿈을 서사적으로 펼쳐 보이는 부분이다. 다른 한편 그것은 디오니소스적 상태의 '객관화'로서 근원적 존재와의 합일을 의미하기도 한다. 그렇다면 연극은 결국 디오니소스적 지혜와 그 작용을 아폴론적으로 구체화한 것이라 할 수 있다. 근원적으로 유일한 현실인 합창극은 자신에게서 환영을 만들어 낸다. 그리고 그 환영에 도취되어 춤, 음악, 시가 뒤섞인 상징적 표현으로 이야기한다. 그것은 디오니소스를, 고통스럽지만 그 자체로 아름답다고 상찬되는 전체 자연을 보여 준다. 모든 다양한 형태들에는 언제나 하나의 디오니소스가 현상하고 있다. 그리고 디오니소스가 이렇게 서사적인 형태로 명확하게 현상하게 된 것은, 당연히 아폴론의 힘이 작용했기 때문이다. 고통을 견뎌 내는 비교秘教의 디오니소스가 찬양된다. 프로메테우스나 오이디푸스 등의 비극적 영웅들에게는 모두 디오니소스가 깊이 감추어져 있다. 개별자의 고통 그 자체를 경험하는 신의 형상이 말이다.

신화가 전하길, 디오니소스는 [헤라의] 질투로 인해 티탄족에게 갈기갈기 찢겨 먹이가 된 소년으로서, 처음에는 야생의 '자그레우스Zagreus'로 숭배되었다고 한다. 그리고 갈기갈기 찢긴 그의 몸은 물, 불, 공기, 흙으로 변했으며, 개별자로 존재하는 것이야말로 모든 고통의 원천이자 원인이기에, 그런 한에서 악한 것이라고 전하고 있다. "올림푸스 신들은 디오니소스의 웃음에서 나오고, 인간은 그의 눈물에서 나온다"(KSA 1, 72). 디오니소스를 신봉했던 사람들은 신이 부활하길 간절히 기원했다. 그들이 희구했던 세 번째 태어날 디오니소스는 모든 개별화와 그에 따른 고통을 종식시켜야만 한다.

이렇듯 비교론적인 비극에서는 세상을 바라보는 심원한 통찰들이 다수 발견된다. 니체는 이들에게서 몇 가지 본질적인 요소들을 발견한다. 먼저 "존재하는 모든 것의 통일을 근본적으로 인식함", 그 다음으로 "개별성을 악의 근거로 관찰함", 마지막으로 "개별화의 힘이 무너질 수 있다는 환희에 찬 희망이자, 통일이 다시 수립될 수 있을 것이라는 예감으로서의 예술"(KSA 1, 73)이다.

그런데 어쩌다가 이 [종교적] 비극들은 힘을 잃고 완전히 사라지게 된 것일까? 젊은 고대 연구자 니체는 이를 다음과 같이 진단한다. 일단 티탄족의 시대에서 올림푸스 신들의 시대로 시대가 완전히 바뀌었다. 그리고 이 시대 역시 보다 깊은 세계관인 이른바 디오니소스적 지혜에 의해 극복되었다. 그리고 이 지혜는 초인적인 힘을 발휘하여 모든 신화가 음악으로 바뀌도록 만들었다. 이런 식으로 최소한 얼마 동안 신화와 종교는 소멸되지 않고 보존될 수 있었다. 그러나 전성기를 이루었던 아이스킬로스와 소포클레스를 거쳐, 아티카 비극 작가 중 세 번째 인물인 에우리피데스를 지나자, 그것은 가을걷이 후에 찾아온 추운 겨울처럼 생명력을 완전히 상실해 버린다. 이제는 한때의 의미마저도 모두 사라졌다. 니체는, 신화는 '죽었다'고, 그리고 그와 함께 음악의 수호신도 죽었다고 말한다. 모든 것은 돌연히 가면을 쓴 흉내쟁이, 고약한 궤변을 일삼는 변증법으로 바뀌었다. 비극적인 예술의욕의 자리를 논리학과 변증론이 대신 채웠다. 감성은 오성과 도덕에 굴복되었다. 만병통치약으로 등극한 학문은 기원전 5세기부터 기원후 19세기에 이르기까지 염세적인 감수성을 치료하는 데 처방되었다. 마침내 니체는, 학문은 한계에 봉착했으며 "논리학의 본질에 숨겨진 낙관주의는 실패했다"고 말한다(KSA 1, 101). 그리고 세기의 작곡가 리하르트 바그너와 함께 계몽의 위기 속에서도 비극이 재탄생할 수 있는 가능성이 도래하고 있음을 발견한다. 그러나 일이란 것이 언제나 그렇듯이, 우정으로 만났다가 논쟁으로 인해 멀어진 니체와 바그너 사이의 팽팽한 긴장감은 이미 모든 전기에서 충분히 확인할 수 있다. 그렇지만 두 사람 모두 심미적으로 근거된 인간학을 기획하고 있었다는 것은 분명하다. 불협화음으로 이루어진 음악을 들을 때는, 음악을 들으려는 마음과 듣지 않으려는 마음을 모두 느끼게 된다. 니체의 말마따나, 정말로 이상하고 불가해하게도 우리는 분명히 여기에 있으면서도 동시에 저편으로 넘어가고자 한다. 비극이 발생하는 곳은 정확히 이 지점이다. 개별적 세계의 쉼 없는 건설과 파괴의 유희 속에서는 근원적 기쁨이 흘러넘치니, 이를 우리는 "이리저리 조약돌을 늘어놓으며 모래성을 쌓았다가도 이내 무너뜨려 버리는, 놀고 있는"(KSA 1, 153) 어린아이에 비유할 수 있을 것이다. 진지하게 바라본 육체적-감각적인 경험은 감성적인 토대에서 벗어나 재차 초월적인 경험으로 나타나게 된다.

완전무결한 경험 : 존 듀이

윌리엄 제임스 이후 미국 실용주의를 대표하는 가장 유명한 철학자 존 듀이의 논문은 감성적 철학의 실천을 위한 중요한 문헌 중 하나이다. 핵심 개념인 경험은 여기서 다의적으로 사용되고 있는데, 이를테면 살아 있는 유기체와 그것의 다변적인 환경 사이에서 일어나는 모든 일을 총칭하는 말이다. 총괄적이고 일원론적으로 정립된 듀이의 상호 작용 모델은 경험[의 범위]를 상당히 넓게 잡고 있다는 것이 장점이다. 따라서 경험이 (경험주의에서처럼) 총괄되든 아니면 (합리주의에서처럼) 경험에 앞서는 정신적 요소에 유리하도록 제한되든, 언제든지 경험은 단순히 인식의 매개변수로 작용하지 않는다. 말하자면 경험은 주관과 객관을 연결하는 인식이 아니라 바로 행위에서 시작되는 것이다. 또 여러 조건들의 상호 결합 속에서 상황이 일정하게 정립되면 그것으로 경험은 끝이 난다. '참여'의 원리 하에서 '거기에 있음'과 '함께 있음'의 형식으로 경험이 완성되는 것이다. 이는 후기 셸링, 딜타이, 니체, 그리고 벤야민에게서도 발견되듯이, 모든 것을 제한하고 축소시키려는 힘에 맞서 완전하고도 순수한 경험의 기회를 마련하기 위한 노력이다.

경험의 철학이 지니는 정수가 명실공히 미학 이론에서 증명된다는 사실은 단지 지엽적인 것이 아니라 대단히 심원한 의미를 지닌다. 듀이의 가장 중요한 저술은 『경험으로서의 예술』이란 제목으로 출간되었다. 이 저술은 1931년 칠순의 듀이가 케임브리지(메사추세츠)의 하버드 대학에서 강의했던 내용을 수정하여 편찬한 책이다. 1980년 이후에는 독일어 판본으로도 출간된다. 이 저술은 미시시피 강이 범람하듯이 무한한 반복이 넘쳐흐르는 텍스트이다. 목차도 제대로 짜여 있지 않고, 정리나 요약도 거의 되어 있지 않으며, 원전도 올바르게 인용되지 않았다. 명사적 표현이 많아 읽기 어렵고 이해하기도 쉽지 않아, 개념적으로 잘 파악되지 않는다. 여기서 시험 삼아 그의 글을 짧게 읽어 보도록 하자. 이 단락은 물론 우연히 뽑힌 것은 아니고, 논자가 극히 예외적으로 요점을 말해 주고 있는 부분이다.

> 경험이란 유기체가 자신을 둘러싼 환경이나 주변 세계와 상호 작용하는 것을 말한다. 이때 주변 세계란 인간적이기도 하고 또 물리적이기도 하기에, 전통과 관습의 내용뿐만 아니라 장소적 환경도 포함하고 있다. 유기체는 타고났거나 습득한 자신만의 고유한 구조를 통해, 상호 작용에 필요한 힘을 얻는다. 주체는 [적극적으로] 행위하기도 하고 [수동적으로] 당하기도 하는데, 그의 이러한 당함은 빌랍에 자국이 찍히는 것과 같은 식이 아니라, 유기체가 반응하거나 응답하는 것과 같은 종류 내지 방식에 의존하고 있다. 실제로 일어난 일을 확정하는 데 있어, 인간의 공동 작용이 하나의 요소로 작용하지 않을 그러한 경험은 없다. 유기체는 작용하고 움직이는 힘이지, 투명한 매개가 아니다. (…) 생명체가 변화하고 또 자신의 경험 영역 바깥에 미리 놓여 있던 사물들과의 교류를 통해 계속 발전해

나가는 동안, 자연적 세계 및 사회적 세계에 속하는 사물이나 사건은 자신들이 등장하는 인간적 문맥을 통해 경험 속에서 다른 형식으로 변화된다. (KE 288)

상당히 까다로운 내용이긴 하지만, 미학적 이론에 대한 대략 400페이지에 걸친 그의 언급들(아니면 언급하고자 했던 것)은 충분히 의미 있는 생각들을 촉발시킨다. 특히 중요하게 논의되는 것은 상상력을 통한 경험의 고양이다. 다층적인 구조를 지닌 그의 기획은 사회적, 정치적 영역, 심지어 신비적인 영역마저도 아우르는 광범위한 관점을 보이고 있다. (첨언하자면 『경험으로서의 예술』은 전집에도 수록되어 있다. 총 37권에 달하는 그의 전집은 연구를 돕기 위해 세 파트로 구분되어 있다. 또 전집에서 요구되는 것들이 빠짐없이 잘 수록되어 있다. 서문과 차례 외에도 원본에 대한 새로운 예증이나 추후 대폭 수정된 원고들, 또 다량의 교정과 정정들, 보충 설명, 그리고 듀이가 사용했거나 아니면 단지 지나가면서 인용했던 문헌들의 목록 등을 확인할 수 있다.)

존 듀이는 미국 버몬트 주 벌링턴에서 한 상인 부부의 네 아들 중 둘째로 태어났다. 1859년은 유럽에서 베르그송과 후설이 태어나던 해와 같은 해이다. 이들 두 사람은 서로 다른 방식으로 사유의 전환을 꾀했다. 한 사람[베르그송]은 진화적 생철학으로, 다른 사람[후설]은 현상학과 생활 세계적 실천에 대한 사유로 말이다. 듀이는 [1881년] 첫 번째 학위 논문 작성 이후 고향으로 돌아와 잠시 동안 교사로 근무한다. 그리고 [1882년부터] 볼티모어의 존스 홉킨스 대학원에서 2년 간 수학한다. 이때 듀이는 독일 관념론, 특히 헤겔을 주로 공부한다. 또 다윈과 하이젠베르크 같은 자연 과학 분야뿐만 아니라 심리학과 문학에도 관심을 가졌다. 특히 영국의 낭만주의 작가 사무엘 테일러 콜리지와 존 키츠가 그의 관심을 끌었다. 듀이는 철학자 찰스 샌더스 퍼스의 강의를 듣기도 했다. 당시 퍼스는 앞으로 실용주의와 미국 철학의 방향을 제시하게 될 한 편의 논문을 발표했다. 그 제목은 「우리의 관념을 명석하게 하는 방법」이다. 이 논문에는 근대의 데카르트적 인식론과 반대로, 의문과 탐구 과정을 분석하여 학문과 '진리' 일반을 의심의 여지없이 분명하게 증명하고 있다. 25세에 듀이는 칸트의 심리학에 대한 논문으로 박사학위를 받는다. 윌리엄 제임스가 2권으로 저술한 『심리학의 원리』에서 영향을 받아, 듀이는 헤겔의 사변적 관념론으로부터 마침내 실용주의, 도구주의, 경험주의, 자연주의로 돌아서게 되고, 관념의 진위는 전적으로 그것이 어떠한 경험으로 이어지는지에 따라 분명하게 결정된다는 태도를 취하게 된다. 1894년 듀이는 신설된 시카고 대학의 철학부, 심리학부, 교육학부의 교수로 간다. 거기서 그는 연구소를 설립하여 반권위적이고 자유민주주의적 방식으로 운영한다. 1904년 뉴욕 컬럼비아 대학의 부름에 응해 25년 동안 연구와 강의를 이어간다. 그리고 죽기 전 대략 20년 동안은 여러 주를 옮겨 다니며 여행을 하게 된다. 노년의 듀이는 트로츠키를 둘러싼 그 악명 높은 맥카시 소송 관련 재판에서의 용감한 변론으로 인해 많은 관심을 불러일으켰다. 민주적 사회주의자 듀이는 당대의 정치적 사건에 관련되기도 했는데, 일례로 영국 백작이자 평화주의자인 버트란트 러셀이 그의 [자유주의적이고] 비-청교도주의적인 성 윤리로 인해 뉴욕 시립 대학에서의 임용이 법적으로 무산되자, [그로부터 1년 뒤 이 사건의 진행과 사회적 의미 등을 책으로 펴냄으로써] 이에 적극 가담하기도 한다. [1927년 첫 부인과 사별한 뒤 19년 동안] 홀로 살던 듀이는 87세에 재혼하여 두 명의 아이를 입양한다. 그리고 1952년 92세를 일기로 생을 마감한다.

문학의 정신이 낳은 친근한 철학

피타고라스 이래로, 파르메니데스와 플라톤이 철학을 고고한 학문으로 만들어 글자 그대로 하늘로 올려 보낸 이후, 아리스토텔레스는 철학을 '원인에서 나온 자기의식적 지知'라고 설명한다. 오로지 사유하는 이성만을 바라보는 이러한 기획들로부터 듀이는 전형적인 후기 관념론적 방식으로 거리를 유지한다. 과거 인문주의자와 모럴리스트들(그 선두는 최초의 평론가 미셸 드 몽테뉴이다)과 그 뒤 니체 및 해석학자들(아울러 포스트모던적인 해체론자들)과 마찬가지로 듀이 역시 문학의 정신에서 나온 생명 친화적이고 실천 가능한 철학을 선호한다. 그는 셰익스피어와 키츠의 철학이 바로 그러한 철학이라고 말한다. 이들의 철학은 그것이 지니는 놀라울 정도의 부정적 능력으로 인해서 오히려 상찬받는다. 즉 그것은 정합적 관계를 찾기 위해 근심하거나 타당한 이유를 대라는 요구도 없이 실로 자유롭게, 자신이 경험하는 모든 삶의 관계들을 불확실성과 불가해성으로 점철된 의혹으로, 이를테면 절반의 지식으로 받아들이고 있기 때문이다. 사물에 대해서 말하거나 순수 학문적인 논쟁을 할 때, 그 지적인 말이 지니고 있을 어떤 정당성만으로는, 또한 사태와 그 원인에 대한 단지 명목상의 확실성만으로는 충분하지 않다. 보다 중요한 것은 인간을 현실적으로 살아갈 수 있도록 하는 그러한 진리이다. 이는 생동성을 강화하고 실존의 능력을 고양시키는 작업인 감각의 정신화, 정신의 감각화와 관련된다. 높아질 대로 높아진 이성 혼자서는 최후의 안전막을 칠 수가 없기에, 그것은 일종의 상상적 보충을, 즉 이성 이념의 감성적 구체화를 필요로 한다. 따라서 무엇보다 중요한 것은 상상력을 통한 통찰이다. 이는 퍼시 뷔셰 셸리가 짧은 생애를 마치기 일 년 전, 30년 동안 작성해 온 영감에 가득 찬 에세이 『시에 대한 변호』에서 유려한 필체로 전하고 있는 말과 비슷하다. 탁월한 영국 낭만주의자가 쓴 이 저술에는 "경험으로서의 예술"이 숱하게 언급되고 있다.

인간은 한 명의 개인이자 사회의 한 부분으로서, 자신이 살아 있다고 느끼고 또 자신의 그 생명력을 가능한 한 많이 느끼고자 하는 존재로 특징지어진다. 따라서 그는 틀에 박힌 일상을 깨고 상상에 빠진다거나 무한한 감동을 느끼는 일을 반드시 필요로 한다. 주위 세계의 변화에 참여하는 가운데 감관이 자리를 잡으면, 그 위에 행위와 의지, 지성이 구축되고, 마침내 의미와 가치에 대한 표상이 구체적으로 확립된다. 그러나 이와 반대로, 감각적 삶을 축소시켜 실천적이든 이론적이든 언제나 그것에 대해 의심을 품기만 한다면, 결국 삶을 편협하고 둔감하게 경험하는 것이다. 인간의 감각과 욕구, 충동은 정당하게 취급되어야 한다. 이들은 인간이 실로 상상을 초월할 정도로 높이 고양되는 경험을 하기 위한 필수적인 것들이다. 일반적으로 감성은 신뢰할 수 없는 것으로 취급되었고, 또 경험 가능한 다양한 사물들의 위상 역시 영원하고도 근원적인 미의 이념에 대한 순수한 정신적 관조를 방해하는 헛된 것으로 폄하되기 일쑤였다. (신)플라톤주의의 전통은 특히 더했고, 심지어 쇼펜하우어마저도 그렇게 생각했다. 그러나 듀이는 이러한 생각이야말로 정말 무가치하다고 생각한다. 이러한 비감각적인 경향과 정반대로, 그는 모든 성질들은 궁극적으로 감각적 지각에 상응한다고 본다. 또한 예술적으로 드러난 경험이야말로 상상력의 모험을 다스릴 수 있는 유일한 것이며, 어쩌면 그 자체로 철학적 사유의 모험마저도 시작할 수 있을 거라고 재차 확신한다. 그러고 보면 모험을 통해서 설 자리가 확보되는 것이 아니라, 오히려 모험은 그 자체로 인간 존재의 근본 특성이라고 해야 할 것이다. 근본적으로 인간은 사는 동안 줄곧 욕망에 따라 움직이며, 최소한 자신의 이익이나 안전을 추구하는 정도만큼은 강력하게 변화를 추구한다. 이처럼 익숙한 길에서 벗어나 미지의 세계로 들어가려고 하는 한, 인간은 낭만주의자이다.

주지하듯, 듀이는 예술이 실제 생의 과정 속에서 그려진다고 생각했다. 예술은 자연을 파괴하고 소멸시키는 것이 아니라 오히려 자연을 확장하고 완성한다. 이는 경험의 과정 속에서 통일적 전체를 달성하는 일이며, 보다 정확히 말하자면, 살아 있다는 이 내밀한 감정에 사로잡히는 일이야말로 예술과 비-예술을 구분하는 정점이다. 그러므로 예술 작품은 이른바 (박물관에 전시된) 신성한 조형물로 미화되거나 숭배되는 것이 아니다. 예술 작품은 그저 표명되고 심화된 경험이다. 한편 이러한 경험에는 근본적으로 미적인 특성이 내재되어 있는 것처럼 보인다. 다른 한편으로, 생의 실천이 지니고 있는 그 특징적 가치가 보다 넓게 확장되고, 또 일상적 경험의 완전한 의미가 비로소 자신의 구체적인 표현을 획득하게 되는 것도 바로 이러한 '포이에시스'의 활동 속에서이다. 예술적 대상들은 단지 기교적으로 재현된 것이 아니라 그 자체로 현실을 충실하게 드러내고 있는 것이리라. 언제든 형태를 지니고 있는 것은 관념과 감정의 반영이며, 마찬가지로 이들 [관념과 감정]은 이미 경험했었던 바에 연결되어 있다. 그리고 미적인 경험에 언제나 수반되는 만족 역시 이로부터 발생한다.

경험이란 곧 지속적인 마음 씀이다

그런데 '경험하다'란 말은 도대체 무슨 말일까? 일단 경험은 일상적이고 익숙하다. 경험은 유기체와 주위 세계 사이의 상호 작용이자, 대립과 투쟁을 통해 감각 및 표상과 더불어 인식으로 정립되는 생의 과정의 필수 요소이다. 또 경험은 언제든 하나의 의도만을 드러내는 것은 아니다. 많은 경우 경험은 하나의 전체로 통합되기보다는 분열되고 해체된 상태로 불완전하게 잔존한다. 그렇다면 하나의 경험이란, 하나의 완결된 상황이 미처 분산되기 전에 하나의 전체로 단일하게 조직됨으로써 다른 경험과 구분되는 그러한 경험이라고 할 수 있을 것이다. '단순히' 지적인 경험일지라도, 그것이 내적인 합일감과 충만감을 드러내는 질서 정연하고 체계적인 운동이라고 한다면 그것은 감성적 만족을 유발한다. 그것은 직접적으로 감지될 수 있는 예민한 예술가적 구조로 되어 있으며, 그런 한에서 미적이다. 그렇지 않다면 어떠한 정신적 활동도 자신에게서 기인된 사건이라 할 수 없을 것이고, 사유 역시 순수하게 대자적으로 완결될 수 없을 것이다. 마찬가지로 행위가 단순히 기계적이거나 무목적적으로 진행되지 않는다면, 이 역시 행위가 계속 이어지는 동안 하나의 감정도 함께 커져 간다는 의미를 지니고 있다. 하나의 행위를 정서적으로 완결한다는 것은,

행위 자체의 도덕적인 측면도 물론 무시할 순 없지만, 동시에 미적인 특성에도 속하는 것이다.

일반적으로 경험은 겪음의 지속, 즉 지나간 것과 뒤따르는 것 간의 연결에 계속 마음을 쓰는 일을 말한다. 아울러 무엇을 받아들이고 무엇을 제거하거나 거부할 것인지를 선택하고 구분하는 일에 대한 마음 씀이기도 하다. 시작이 있고 끝이 있다. 만일 어떤 경험이 미적인 특성을 지니지 않는다면, 제 아무리 경험이라 해도 통일성을 드러내지는 않는다. 전체성을 드러내는 경험은 하나의 상황 속에서 작용하는 에너지가 해당 과제를 완수하자마자 일어난다. 그러나 종결되었다고 해서 그것이 고정이나 정체를 의미하지는 않는다. 투쟁, 갈등, 그리고 수동적 수용 등은 새로운 방향을 찾는 고통스러운 탐색인 만큼 불가피한 것이다. 순전히 기쁨으로 점철될 그러한 심화의 경험은 실상 존재하지 않는다.

어느 경우든 경험을 완전한 통일체로 완성시키는 것은 바로 정서이다. [경험의 완성에] 이렇듯 감정이 함께 작용한다는 것은, 이 경험이 과연 자아가 원하던 방향으로 끝날지 그렇지 않은 방향으로 끝날지 잘 모르겠지만, 어쨌든 실제적인 종결로 치닫는 그 사건의 운동에 '자아'가 성심성의껏 참여하고 있음을 의미한다. 사물, 질적 통일성, 인간의 이해는 바로 이렇게 존재한다. 그렇게 실존하면서 그들은 모두 정신이라고 찬탄된다. 인식은 점진적인 성숙 과정의 극점이다. 그것은 섬광처럼 빛나고 있다. 어두운 곳에 있던 사물들은 인식의 빛을 받자마자 곧장 가시적이게 된다. 갑자기 이렇게 번개가 내리치면, 경험은 삭막함과 황폐함에서 벗어나, 다소 모순적이긴 하지만, 지나가 버린 여러 사실들에서부터 아득하게 이어지는 저 먼 곳에 이르기까지 하나로 연결되어 한낮의 빛 아래에서처럼 명료하게 눈앞에 드러난다. 엄밀하게 말해서, 사물을 정확하게 보는 것만으로는 특별한 가치가 없다. 듀이에게 지성은 관계에 대한 인식, 즉 균형과 조화에 주의를 기울이는 것으로 이해되기에, 그것은 단순히 지적이기보다는 분명 예술가적으로 더 큰 역할을 한다. 사실 '미적'이란 말은 다양한 것들에 관계되며, 그중에서도 특히 예술가적 창조 행위를 비롯한 작품의 감상과 향유에 관련된다. 이는 곧 의식적 경험에는 행위와 [감성적] 체득의 상호 작용이 필수적이라는 사실을 시사한다. 작품을 제작하고 있는 예술가가 자신 안에서는 동시에 관람자로서도 활동하듯이, 미적 감상의 정수 역시 창작 행위와 가장 깊이 연결되어 있다. 그렇지 않다면 어떠한 대상도 예술 작품이라고 할 수 없을 것이다. 하나의 작품은, 그것을 최소한 감각적이고 정서적으로 향유할 수 있다면 그 자체로 예술가적이다. 에너지는 단지 수렴되기만 하는 것이 아니라, 수렴되기도 하고 발산되기도 한다. 그렇지 않다면 지각적 인지가 아니라 압도만이 일어날 것이다. 수용하는 활동은 그 자신의 측면에서 보자면 결코 수동적인 활동이 아니라 보다 건설적인 재생 활동이다.

표현의 우세함

표현의 기술은 순전히 심리적 영역에 속하지만, 때때로 정신적인 영역에 속하기도 한다. 그것은 영감으로부터 시작된다. 그런데 영감이란 도대체 무엇일까? 그것은 비춤이라기보다는 오히려 타오름이다. 듀이의 은유적 설명에 따르자면, 영감은 하나의 상황에 대해 격렬하게 타오를 수 있는 능력이다. 또한 그 깊숙한 곳에 던져졌다가 빛을 내며 높이 타오르도록 하는 데 쓰일 적당한 땔감을 마련할 줄 아는 능력이다. 구체적인 상황에서 감정은 언제나 근본적으로 일회적이고 유일무이한 것으로 일어난다. 그런데 그러한 감성적 상태가 곧바로 표현 활동, 즉 예술 작품을 완성하는 것은 아니다. 일견 표현이란 말은 감정을 통해 억제된다거나, 수동적으로 겪게 되는 것과는 왠지 어울리지 않으며, 인공적인 것이나 인위적인 것과는 더더욱 어울리지 않는 것처럼 보인다. 그러나 [이와 달리 표현 활동에는] 반응, 집중, 압축이 필수적이다. 또 감정의 자제도 필요하다. 그런 뒤에야 알맞은 이름을 붙일 수도 있고, 적절한 자리에 알맞게 구도를 잡을 수도 있으며, 비례, 톤, 색깔, 명암 등을 실수 없이 처리할 수 있다. 그 밖에 내적 성숙을 위한 오랜 시간도 필요하다. 이와 같이 구상에서 완성으로 이어지는 동안 감정과 사유라는 [내적] 질료들은 자신 앞에 놓여 있는 구체적인 물질적 재료와의 갈등을 거쳐 제련된다. 또 표상, 관찰, 기억은 근원적 감각이 미적인 성질로 현상할 때까지 계속 변화된다. 특기할 만한 것은 날것 그대로의 본성을 표현하고자 하는 욕구와 단순한 감정의 분출은 스스로 변형되길 요구하면서 표출된다는 사실이다. 그리고 물질이 변성되어 [내적 정서를 전달할] 매개로 전환되는 한, 표현 활동은 미적인 의미를 지니게 된다. 변성 속에서 완전히 새롭게 재편된 관계의 구조물이 발생하게 되는 것이다. 이를 통해 감각 역시 다시 새롭게 깨어난다. 미적 경험은 지적이지 않은 요소로 시작해서 하나의 의미 깊은 경험을 형성하는 것이기 때문에, 인식보다 더욱 분명하고 뚜렷하다. 상황을 한눈에 간파하는 일 역시 합리적 추론에 기인하는 것이 아니라 그 상황의 의미를 감지해 낼 수 있는 능력에서 비롯된다. 예술 작품은 [그 앞에서] 감탄하고 있는 자들에게 세계에 대한 그들 각자의 경험을 넘어 본질적인 어떤 것을 전달한다. 이는 단지 상황만 제시해 주고 이에 대한 객관화된 기계적 추체험을 하도록 하는 그러한 직접적 언명과는 완전히 다른 것이다. 미적 표현은 경험을 해명하며 그에 대한 내적인 참여를 가능케 한다.

따라서 예술가적으로 감수하고 표명하는 활동은 자연 환경의 대상들을 단지 있는 모습 그대로 혹은 기억나는 대로 묘사하는 미메시스mimesis, 즉 자연의 모방imitatio naturae이 아니다. 바움가르텐도 이미 확신했듯이, 예술가가 선택을 하는 동안, 그는 어떤 무의식적이고 자연적인 경향에 따라 복합적이고 다채로운 생활 세계의 특정 관점과 가치들을 지향하고 있다. 그는 관습적인 평가들에 대해서는 그냥 무시하거나 종종 없애 버리기도 한다. 이러한 작업을 거치면 사물의 자연적 특성들로 이루어진 앙상블이 아니라 그보다 훨씬 더 중요한 어떤 것이 등장하게 된다. 한 개인을 통해 사물의 잠재적 가치가 평가될 수 있으며, 이는 궁극적으로 인간이 지닌 가장 탁월한 능력인 자유를 직접적으로 시사한다. 경험, 기본적 욕구, 관습은 확장되고 심화된다. 물리적인 현상은 지나가고 사라지지만, 그럼에도 삶은 지속된다. 미적인 해명 뒤로 이제 (윤리적) 삶의 형식이 이어진다. 의미, 가치, 인간적인 것, 이들이 서로 관계를 맺는 가운데 관습이 형성되고 교육되며 개선된다. 그렇게 여러 가능한 것들을 시도해 보는 가운데 우리는 세계에 거주하고 있는 것이다.

도덕과 미학의 대립을 넘어

일상 세계에서는 언어가 우위를 지닌다. 따라서 예술이 표현하는 내용을 말이나 개념으로 전달하려고 시도해 볼 수도 있다. 그러나 모든 예술 형식은 다른 방식으로는 결코 전달될 수 없는 것을 전달하는 자신만의 고유한 문법을 지니고 있다. 합리적이고 지적인 형식에 대한 전통적 우위는 경험에 대한 듀이의 설명 속에서 의심스러운 가설로 그친다. 마찬가지로 소재와 형식을 구분하는 미학 이론 역시, 그것이 관념론적 방식으로 의미와 관계를 두둔하는 것이든 아니면 경험론적 방식으로 감각적 특질들을 선호하는 것이든 언제나 형이상학적 선입관에 따른 결과일 뿐이다. 이와 달리 사실상 예술은 언제나 살아서 움직이고 있다. 예술에는 경이로울 정도의 새로운 경험이, 그리고 새로운 형식과 테크닉으로 실험되고 표현되고자 하는 갈망이 드러나 있다. 이는 결코 고정시키는 것이 아니라, 니체가 생각했던 '확정되지 않은 동물'인 인간에게 자연의 리듬에 대한 간혹 자신만의 독특한 감각과 개인적인 통찰에 상응하는 그러한 다층적 반응을 위한 여지를 남겨 두는 것이다. 여기서 예술가는 정해진 소재에 대해서건 질료나 주제에 대해서건, 도덕적인 의무감에 시달리지 않는다. 어떠한 제약도, 심지어 그것이 합리적으로 준수된다 하더라도 결코 그 이름을 입에 올릴 수 없다. 듀이는 그 무엇보다 예술의 자유를 확고하게 지지한다. 그는 경험에 대한 미적 해명이 도덕의 엄격성을 극복할 수 있다고까지 생각한다. 예술은 도덕을 삶에 연관시켜 가르친다. 즉 경험 속에서 나뉜 여러 가치관들에 맞게 구체적으로 이해시키는 것이다.

결국 예술적 상상의 경험은 선악의 저편, 도덕과 미학의 대립을 넘어선 바로 그 무규정적인 공간을 지시한다. 일상에서 제한적으로 경험되는 대상의 형식이 경험 전체를 담고 있을 수는 없다. 그렇지만 일상의 개별적인 경험들이 완전히 무규정적인 공간에서 촉발된다는 것은 분명한 사실이다. 사물들은 여기와 지금이라는 가장 작은 점 속에 응축되어 있지만, 그들 자신의 입장에서 본다면, 역설적으로 그들은 어떠한 한계도 없이 무한하게 확장하는 하나의 전체로서 존재한다. 그들이 마주한 저 지평선은 끝없이 퇴각하며 그들을 위한 끝없는 방랑의 공간을 마련해 준다. 그들은 규정되고 응축되었다가 이내 무규정적인 것으로 무한히 밀리며 확장하게 된다. 이를 어떤 개념으로 완벽하게 파악할 수 있겠는가. 그러나 놀랍게도, 점과 원이 하나를 이루고 있는 혼돈과 모순의 공간인 이 경험 속에서 사물에 관한 이러저러한 의미가 비로소 밝혀진다. 그리고 뒤늦게 반성이 시작된다. 그러나 반성이 시작된다 하더라도, 모든 사물들과 작품들은 재차 하나의 광대한 전체성으로 함몰되어 들어간다. 이처럼 미적 경험의 내적 충만한 특징은 저 매혹적인 직접성 속에서 결코 말할 수 없는 것으로 보인다. 그런 한에서 모든 내밀한 미적 지각은 깊이 들어가 보면 종교적인 감정을 수반한다고 할 수 있다. 우리가 목도하고 있고 또 듀이도 그렇게 말하고 있듯이, 모든 경험은 신비로울 따름이다. 초월을 지향하는 움직임은 반드시 미적으로 시작해 신비적으로 서서히 잦아든다. 인간은 한계를 뛰어넘어 스스로 확장되고 심화되는 경험을 하는 가운데 진정한 인간이 된다. 듀이는 피를 흘리며 죽어가는 맥베스가 자조적이면서도 허무하게 던지던 그 말을 기억한다. 삶, 그런 것은 없고 다만 동화만이 있을 뿐. 얼간이가 지껄이는 잡담과 헛소리, 아무 뜻 없는 이야기만이 있을 뿐 (셰익스피어, 맥베스, V 5, v. 26-28).

감응, 소통, 참여

삶을 구성하는 요소들은 오로지 미적인 매개를 통해서 결합된다. 그렇지 않고 수단과 목적이 서로 피상적일 뿐이라면 미적이지 않은 것으로 정의된다. 그런데 어떻게 하나의 임의적 수단이 필연적인 매개로 되는 걸까? 단지 임시로 사용되고 마는 것이 아니라, 스스로 어떤 일을 실행할 수 있고 또 그것을 완수할 수 있을 때 매개라는 말을 쓸 수 있다. 매개는 사람의 마음을 끄는 대단히 중요한 것이기에, 듀이는 '매개에 감응'되지 않으면 그 어디서도 미적인 경험의 심장은 뛰지 않을 것이라고 생각했다.

듀이의 설명에 의하면, 개별 예술의 특징은 그들 각자의 방식에 따라 소통하는 만큼 명확하게 드러난다. 왜냐하면 각자의 방식에 따른 소통이 곧 표현이기 때문이다. 소통은 사람들에게 자신의 생각이나 호의의 마음을 전달할 수 있고, 또 평소 서로를 나누고 있던 장애물을 극복하고 경계를 없앨 수 있는 대단히 생동적이면서도 심화된 과정이다. 칸트가 미적 경험의 독특한 차별성을 관조적 판단으로 옮긴 것을 두고 듀이는 무익한 일이라고 생각한다. 칸트가 요구했던 '무관심적 만족'이나 양성적인 느낌이 드는 '반성의 쾌' 등과는 정반대로, 듀이는 미적 대상에게서는 전적으로 감각적 특성이 우세하다고 생각한다. 그리고 이렇게 생각하는 것은 심지어 선하기까지 한데, 왜냐하면 그렇게 함으로써 결코 무시 못할 요구가 충족되기 때문이라는 것이다. 가령 예술 작품은 분명히 감각적이지만, 그럼에도 그 자체로 충만한 의미를 지니고 있으니, 놀랍게도 바로 여기에서 이성의 케이크를 가져다가 풍미를 느끼며 한 입 크게 베어 물 수 있는 기회가 열린다는 것이다. 이때 함께 참여하고 있는 정신은 스스로 과도하게 고조되거나 고립되지 말아야 하며, 또 전체 진행에 방해가 되지도 말아야 한다. 사람들이 처해 있거나 세계와 접촉하면서 생기는 상황 속에서, 정신적 삶의 원리는 한편으로는 관습에 얽히면서도 다른 한편으로는 앞으로 계속될 '인터액션interaction'을 지향하고 있다. 듀이는 정신[마음]mind이란 결국 두루 파악하면서 계속 지속하는 배경적 존재이며, 자아가 세계와 일치를 이룰 때마다 그 앞으로 의식consciousness이 부각되어 나온다고 생각한다. 이 모든 특성들을 놓고 보면, 결과적으로 예술이 인간의 전달 방식 중 가장 포괄적인 방식이자 언어의 보편적 형식으로, 소통을 위한 가장 자유로운 형식으로 밝혀진다.

상상 : 예술로서의 삶

듀이에 따르면 한 철학자에 의해 전개된 미학 이론은 그의 사유 전체의 시금석이다. 말하자면 수행 일반, 가령 경험의 본성이 과연 명확하게 사유되어 있는지 하는 것 등은 그의 미학 이론을 보면 확실히 알 수 있다는 것이다. 경험을 파악하고자 하는 철학은 무엇보다 경험에 대한 어떤 선입관도 가져서는 안 된다. 오히려 얼마든지 미적인 경험을 수행하라고 용기를 북돋아 줄 수 있어야 한다. 또 그 경험을 객관화시켜 대자적으로 말해 줄 수 있어야 하고, 많든 적든 그것의 역사를 조리 있게 설명할 수도 있어야 하는 등, 그 자체가 이미 (교육적이고 입문서적인) 과제를 지니고 있다. 듀이는 대부분의 학자들이 상상력을 내세워 이 과제를 수행하고 있다고 생각한다. 그러나 모든 것을 포괄하고 종합하는 활동인 상상력은, 바움가르텐에게서처럼 단지 그렇게 불명료한 형식의 하위 인식으로만 머물지는 않을 것이다. 또 칸트에게서처럼 연결이 곧 유기적 전체라고 부풀려서 판정되거나, 또 헤겔에게서처럼 모든 현상에서 절대자가 사변적으로 파악되지도 않을 것이다. 듀이에게 상상력은 인간의 모든 힘이 집중되어 극점을 이루고 있는 상태이며, 모든 모순들을 하나로 통합하여 비로소 완전한 경험을 가능케 하는 능력이다. 창조적 사유는 종종 이완 상태에 이르러 목적 지향적인 운동을 멈출 때가 있다. 그렇다고 해서 그때마다 아무 것도 성취되지 않는 것은 아니다. 즉 상상적 소재가 정리되고 조직화되어 [그 힘이 안정화되면] 의도의 통제 하에 들어가게 되고, 감정과 표상이 대상의 성질에 연결된다. 그들은 단순한 환영이나 순전히 자의적인 유희를 넘어서 예술 작품이나 미적 경험의 대상으로 성큼 발을 내딛는다. 그리고 유기적 통합의 완성도에 따라 미적인 서열이 정해진다. 매개되지 않은 일상적인 경험을 심화하고 확장하는 가운데 상상력의 도움으로 의미를 담지하고 그것을 표현하는 것, 이 모든 것들은 미적으로 경험된다. 그리고 이로써 마침내 듀이가 찬양했던 바로 그것, 즉 최초의 경험과 분명히 구분되는 차별화된 미적 경험이, 실로 완전하다고 할 수 있는 '경험으로서의 경험', '완전무결한 경험'으로 급부상한다(AE 278).

요컨대 미적 경험은 참되게 보는 법과 참되게 듣는 법을 배운다는 것을 의미한다. 쉽지만은 않은 이 작업은 무엇보다 작품을 정당하게 비평하고 또 지지하는 것이다. 프리드리히 실러가 그랬듯, 듀이 역시 이 [미적] 경험 속에서 필수적인 교육 과정을 발견하고 있다. 개인적인 것이나 질적인 것에 대해 이루어지는 비평은 비평하는 측에서의 과감한 모험이나 자기 계시 없이는 불가능하다.

그는 신중하게 처리해야 하고, 또 개인적 경험에 관련된 기준을 세워야 한다. 이는 엄격한 규정을 만드는 것이 아니라, 단지 면밀하게 판별하는 것으로, 만개된 그 미적 조화를 예술적 창조의 의도와 논리에 따라 평가하는 것이다. 물론 이러한 활동은 그가 예술가의 창작 활동이 얼마나 무한하고 다채로운 방식으로 존재하는지를 공감하고 있어야만 가능하다. 다른 한편으로는 미적인 것 이전의 상태나 그것을 벗어난 것으로 환원되지 않도록 주의해야 한다. 또 범주를 혼동해서도 안 된다. 지금껏 이러한 독특한 미적 가치의 소통을 대신할 그 어떤 사회적인 지식이나 역사적인 판단도 전혀 제시되지 못했다. 심지어 이성조차 "경험을 협소하고 일면적으로만 다루는 성급하고 일방적인 종합"일 따름이다. 따라서 이제 정당하게 말할 수 있는 바, "자연과 삶은 그 충만함 속에서 수많은 의미를 제시하고 있으니 상상력을 통해 예술가적으로 충분히 재현될 수 있다"(KE 372).

결국 경험을 미적으로 근거 짓고 규명하는 철학은 인간이라 불리는 존재에 관해서라면 어떤 방식으로도 완전하게 해석될 수 없다는 오래된 통찰을 새삼 확인시킨다. 일찍이 듀이에게도 신중한 태도로 언급되어 있듯이, 확장되고 생동적인 경험에 참여하는 자는 자신만의 고유한 운동을 시작해야 한다. 16세기의 목사이자 해부학자, 의사, 시인이기도 한 프랑수아 라블레는 다음과 같이 거침없이 말하였다. 너희 스스로 너희 기획의 해석자가 되어라!(Gargantua, V 47) 과감히 행하라! 사페레 아우데Sapere aude!

유용한 가르침이란 삶의 기술에 대한 정보 전달 그 이상의 의미를 갖는다. 즉 그것은 상상력을 통해 삶의 가치에 참여하는 것을 의미한다. 인간 사이의 애정과 더불어 예술 작품은 한 개인이 세상을 살아갈 기술을 습득하도록 도와 주는 수단이다. 문명이 아무리 발달하더라도 기본 상태를 벗어날 순 없기에, 명실공히 육체를 지닌 유기체적 인간은 늘 그렇듯 경험을 갈망하는 존재이다. 다른 많은 사람들과 마찬가지로 듀이 역시 이미 빠르게 추진되고 있는 현대화의 과정 속에서 완성에의 기대가 한순간 사라져 버리지는 않을까 걱정한다. 그는 사회의 근본적 변화에 대한 주장과 함께, 때때로 에머슨과 휘트먼을 상기시키는 목소리로 자유에 대한 감각을 강화하고 고상한 문화를 달성하는 것이 중요하다고 말한다. 당연히 예술로서는 "현실성의 직물로 짜여진"(KE 398) 가능성들을 도출해 내는 과제를 일차적으로 지니고 있다. 가능성들에 대한 상상이야말로 삶에 대한 비평으로서 예술가적 상상이 가장 유용하고도 유의미하게 수행하고 있는 일로서, 이는 윤리와 도덕, 정치 등 직접적인 방식으로는 도저히 달성할 수 없는 일이다. 속俗에서 성聖으로의 교체와도 같은 이러한 질적인 변화는 압박에서 벗어나 모든 장애와 부담을 던져 버릴 수 있도록 도와 준다. 미적으로 싹 틔운 '인류의 교육'은 이렇듯 아름드리나무로 크게 성장하였다.

듀이의 미학은 다양한 관점에서 활발하게 논의되었다. 특히 기호학자들 중 모리스, 에코, 굿맨, 단토를 비롯하여, 이탈리아의 신관념론자인 크로체와 철학적 인간학의 아놀드 겔렌 등이 대표적이다. 미국의 실용주의자 리처드 로티는 듀이를 비트겐슈타인, 하이데거와 함께 20세기의 가장 중요한 철학자로 꼽는다. 근본학으로서 철학을 넘어 하나의 문화적 대안을 마련하려는 그의 후기 실증주의적 시도는 새로운 장을 여는 불가피한 시대적 과제이다. 전통에 따라 이어져 내려오던 객관적이고 인식론적인 관념의 자리에, 자연에 대한 오해를 그대로 보여 주고 있는 그 자리에, 이제 미적 고양의 이상과 그에 상응하는 유희적이고 열린 철학이 등장한다. 소위 정확하다고 하는 학문들은 이론과 실천의 근거로 회귀해야만 할 것이다. 그럼으로써 고전적 인식론이나 근대 과학주의와는 반대로, 보편적 해석학의 영역 내에서 새로운 교육, 문화, 대화, 소통, 조언, 판단력, 취미, 사려 등 궁극적으로 인간적 철학에 어울리는 지혜가 되어야 할 것이다. 그렇게 된다면, 충만하고 생명력 넘치는 현존재가, 목적으로부터 자유롭고 자기규정적으로 지각될 수 있는 현존재가 성취될 것이다. 수용과 산출, 표현과 소통의 자기장 속에서 한 개인으로서 세상을 터득해 나가야만 하는 인간의 삶은 확고한 규율이나 법칙보다는 오히려 해석하고 자신 안에서 시를 쓰는 정신에 더 어울릴 것이다. 그 자체로 철학하기에 다름 아닌 소설, 시, 그림, 조각, 음악 및 그 밖의 모든 예술 작품들은 세계에 대한 자신들 나름의 특수한 해석을 보여 주는 예들이며, 야만적 폭력을 넘어 창조적인 삶으로 나아가자는 강력한 호소이자 요청이라 할 것이다.

반성, 해석, 그리고 자유의 개방

많이 생각할수록 더 적게 느낀다는 것은 틀린 말이다.
그러나 많이 판단할수록 더 적게 사랑한다는 말은 맞다.
샹포르(Aph. 140)

지난 250년 동안의 미학적 논의들 속에서 몇몇 중요한 쟁점들을 돌아보고 난 지금, 철학적 미학이 실제로 다루고 있는 것은 과연 무엇인지에 대한 물음이 제기된다. 참으로 어려운 문제이다. 이미 칸트와 헤겔이 그에 대해 고민하기도 했었지만, 오늘날까지도 결정적으로 무엇을 정확하게 미학이라고 해야 할지, 그에 대한 합의를 기대하기란 퍽 요원하기만 하다. 몇 가지 가능성들을 떠올려 보자면, 일단 그것의 주제는 감성적 지각이나 순수 감각에 대한 이론을 검토하는 것일까? 그렇다면 차라리 '감각학'이라고 칭했어야 할 것이다. (실제로 헬무트 플레스너는 『감각의 통일』이란 제목으로 정신의 감각학에 대한 기본 특징을 설명한 바 있다.) 만일 그렇다면 플레스너의 저술에서 시도되고 있듯이, 아리스토텔레스가 이에 대한 기초를 마련하고 있는 것은 아닌지, 그리고 그 뒤로 감각주의의 영역이 열려 그로 인해 로크, 흄, 콩디야크, 포이에르바흐 등의 사상가들이 권위 있는 발언을 이어갈 수 있었던 것은 아닌지

하는 것 등이 검토되어야 할 것이다. 아니면 두 번째 가능성으로, 철학적 미학의 주제는 아름다움과 그것의 본성, 기원, 작용을 다루는 것인가? 그런데 이에 대해서라면 플라톤, 플로티노스, 아우구스티누스가 이미 다 다루었다. 그리고 그들의 이름 뒤로는 어떤 이름도 알려진 바가 없다. 이미 헤겔도 지적하고 있듯이, 그러한 것이 미학의 주제라면 미학은 정확히 ["미"를 뜻하는 희랍어 칼론καλόν을 본따] '칼리스틱Kallistik'이라고 해야 할 것이다. 아니면 세 번째로 좀 다른 말로 묻자면, 미학은 기껏해야 예술에 관한 철학이나 예술과의 관계에 대한 반성, 혹은 예술 작품에 대한 판단과 제작을 위한 이론인가? 그런데 이러한 일은 문학, 더 정확히는 작시법에 더욱 적합하다. 네 번째 가능성으로, 혹시 미학은 쾌와 만족에 대한 이론인가, 정녕 '조야한 감각적' 만족의 삶을 연구하는 것인가? 그렇다면 쾌락학이나 향락학 같은 것이 아닐 바에야 차라리 (아리스토텔레스 식으로 분류하자면) 풍류학Apolaustik이라고 하는 편이 나을 것이다.

어떤가? 무엇이 맞는가? 미학의 주제라고 확신할 만한 우선순위가 세워졌고 부수적인 것들은 제거되었는가? 별로 그렇지 않을 것이다. 물론 위에서 제시된 여러 주제들은 마냥 거부될 수는 없는 것들로서, 실제로 과거에는 모두 미학이라는 이름으로 탐색되었던 주제들이다. 미학이 미학을 벗어나 특히 인식론적, 존재론적, 형이상학적 전제들에 종속되어 철학분과 내의 개별 학과로 규정되는 것은 미와 예술에 대한 관념론자들의 생각에서 분명하게 드러난다. 미가 무엇인지, 예술이 무엇인지는 그야말로 물어야만 하는 것이지, 그렇게 손쉽게 미리 전제될 수 있는 것이 아니다. 현실적 창조에 대한 관념론의 그 선험적이고 사변적인 생각은 일반적으로도 통용되기 힘들고 또 어떤 식으로든 유용하게 수용되지 않는다. 미학이라는 말이 지니고 있는 이와 같은 혼란과 모호함은 학문의 대상 및 그 방식과 의도에 있어 전통 형이상학과 미학 사이에 존재하는 긴장감에서 발생한 결과라고 할 수 있다. 18세기 중반 바움가르텐에 의해 정립된 미학은 오랫동안 유지되던 철학적 성과에 대해 처음에는 단지 보충적인 역할을 하려고 했을 뿐이지만, 뒤로 갈수록 점차 그에 대립적인 입장을 취하게 된다. 이후 미학은 실상 거의 반미학에 가까운 전통 철학에 이의를 제기하면서 그동안 고통스럽게 억압받았던 것들을 구출해 내기 시작한다. 그런 한에서 미학은 저항의 학문이라 할 수 있으며, 미학의 정점 역시 역사주의적 관점에 얽매여 있는 헤겔이 아니라 19세기 후반의 니체로 잡아야만 한다.

전통 철학은 인식론을 우선시하기 때문에, 스스로 원했든 원치 않았든 이성을 도구적으로 사용하고 여타 모든 것을 이성의 권위 아래에 두고자 했다. 그러자 가장 먼저 정신 분석학이 미학적 [전복의] 전조로서, 속칭 '억압되었던 것의 회귀'라는 개념으로 등장하게 된다. 과거에 미처 의식으로 편입되지 못했던 배제되고 억압되었던 것들이 어느 순간 갑자기 폭발하며 [의식에 와] 부딪친다. 이제 밀려드는 무의식적 힘에 맞서 미학이 비로소 전복을 꾀하니, 이는 마침내 니체의 가치 전도 사유로 귀결된다. 물론 여기서 말하는 가치 전도는 하위 가치가 상위 가치의 자리로 올라가는 것을 말하는 것이 아니다. 그렇게 생각하는 것은 달라진 조짐 속에서도 과거의 습관대로 이분법적으로 구분하는 것에 불과할 것이다. 오히려 창조적인 가치를 만드는 활동은 진지하면서도 절박하게, 어쩌면 체념한 것 같이 보이기도 한다. 힘들이 움직이면서 '아래에서'

억압되던 것이 마침내 해방되기 시작하면, 모두에게 드디어 정당한 기회가 열린다. 그렇지만 그와 동시에 소외와 혼돈이 함께 초래된다. 이제 이것을 어떻게 제어할 것인지가 문제이다. 곧장 순진한 무정부주의와 과격한 행동주의에 대한 반성이 이어진다. 그런데 이러한 반성은 도대체 무엇을 향해 나아가는가? 아무런 의미나 목적도 없이 그저 공허하게 이리저리 떠돌며 유희하고 있을 뿐인가? 반성은 특정한 정서 상태 속에서 상상력이 활동하면서부터 시작된다. 그런데 이러한 사정은 경험 일반이 지니고 있는 불확실성을 잘 보여 준다. 그렇다면 미적 경험이란 표현은 같은 말을 반복하고 있는 것이 아닐까. 그러나 이렇듯 [같은 말을] 두 번이나 호명하는 것은 경험을 그 전체 폭과 깊이에 있어 그야말로 완전히 감지해 내라는 것을 의미한다. 즉 무슨 일이 일어났고 그것의 영향은 어느 범위까지 미치고 있는지, 각 상황 속에서 가능성은 어느 한도까지 열려 있는지, 어떤 조건에서 이 경험이 완성되고 있는지, 어떤 과정을 겪고 있는지, 또 전체 진행 과정에 결국 하나의 목표 지점이 있을 수 있는지 세밀하게 주의를 기울이라는 말이다. 그리고 인간이 걸어온 그 경험의 길을 반추하는 동안, 우리는 인간성의 근간을 이루고 있는 기본 요소에 봉착하게 된다. 즉 인간은 [근원적으로] 경험하도록 하면서도 또 그에 대해 회의하는 능력인 질적 차별화의 능력을 지니고 있으며, 이는 근원적으로 가치가 어떻게 발생하는지를 잘 보여 준다. 이로써 세계는 인간에 대해 무심하게 존재하지 않는다는 사실, 모든 사람들은 근원적으로 사물과 관계를 맺고 그것을 수용하고 있다는 사실, 그리고 자아는 세계의 물상에 그렇게 꼭 붙들려 있을 수밖에 없지만, 그럼에도 그것을 자신 안에서 질적으로 변화시키고 있다는 사실이 분명하게 밝혀진다.

미학의 눈으로 본 인간

미학의 눈으로 보면, 인간은 세계에 감응하는 자이자, 자기 자신에 감응하는 자이다. 이러한 감응은 결코 폐쇄되거나 완결되지 않고 완전히 열려 있는 것이다. 정의를 내려 규정지으려는 모든 시도들을 극복하는 것, 삶이 지니는 합리적이고 일방적인 규범의 한계를 뛰어넘는 것, 이를 두고 우리는 미적인 것의 초월을 이야기할 수 있다.

수용과 생산, 표현과 소통의 힘이 작용하는 가운데 한 개별자가 세계 속에 스며들어 세계를 터득해 가는 과정은 딱딱한 규범이나 법칙에 따라 진행되지 않는다. 오히려 가늠할 수 없는 가능성이 드러날수록 삶은 그만큼 더 잘 진행되는 것이니, 실제적으로 인간적 삶의 생동성은 메커니즘과 제도, 기능주의 등을 뛰어넘어 고양된다. 정확하게 어느 정도로 조절하고 확정할 것인지는 전달 과정 속에서 정해진다. 특히 세계와 미적으로 연결되는 소통의 순간은 보다 거대한 영향력을 지닌다. 모든 문화의 발상지에서 우리는 자신이 겪고 있는 경험에 타자를 참여시킬 수 있는 능력을 발견한다. 예술가의 탁월함은 모든 존재들에게 필요한 것이 그들에게서 예증적으로(보다 간단히 말해, 분명하게) 드러나 있다는 사실에 있다. 자신이 겪었던 것을 전달할 수 있는 능력이 선명하고 뚜렷하게 드러나 있는 자라면 가히 예술가라고 할 수 있다. 그의 감출 수 없는 생명력에 매료됨으로써 사람들은 그에게 관심을 갖고, 그의 말을 들으며, 그의 작품을 읽는다. 또 그의 조형물을 관람하고, 그가 어떻게 자신의 작업을 수행했는지를 지켜본다. 볼 수 있는 눈과 들을 수 있는 귀를 가진 자는 모든 것에서 어떤 것을 터득할 수 있다. 만유의 삶 속에서 예술 작품을 발견하는 자는 그 만인들 속의 예술가이다. 인간과 세계에서 일어나는 일들은 여전히 아주 조금만 경험되었거나 아직도 거의 경험되지 않았다.

세계 경험은 수용과 교환 속에서 형성되고bilden 구체화된다verdichten. 이 말은 조각가Bilder와 시인Dichter, 혹은 시적으로 살아가는 사람들을 반영하고 있다. 물론 시인과 시인이 아닌 사람을 머리카락 세듯 일일이 구분할 순 없을 것이다. 그런 한에서 키에르케고어가 자신의 논문을 다음과 같이 탁월하게 결론지을 때, 우리는 그에게 동의할 수밖에 없다.

> 시인의 실존에 속한 것은 분명히 모든 개별적 인간의 삶에 속한다. 말하자면, 그는 한편의 시를 씀으로써 시인으로 사는 것이 아니라, (…) 그가 살면서 익숙해지고 또 그 안에서 적응해 가는 그 시간 동안 자신이 처해 있는 현실 속에서 실로 자유롭게 존재할 때 비로소 시적으로 사는 것이다. 그가 사는 이러한 시적인 삶의 방식, 이것은 다른 모든 사람들도 할 수 있는 일이다. (BI 319)

인간의 특수성을 포이에시스, 즉 세계를 지어내는 능력으로 인정하는 것은 틀리지 않아 보인다. 자신의 감각을 기초로 다양한 구성 요소들을 연결시키는 미적 경험이야말로 삶 전체의 생동성을 보장한다.

근대 철학의 자기비판이 낳은 문제인 (미적/감성적) 경험에 대해 반성해 보려는 시도는 결국 하나의 주제로 모아지게 된다. 다름이 아니라 잘못 이해되는 바람에 큰 부담을 떠안게 된 자유에 대한 논의로 말이다. 이를 하여 질적 차별화의 능력, 개방성, 표현과 전달 등은 일련의 부정적 방식들을 포함하고 있다. 즉 그것은 생명과 세계, 자신이 사라지는 그런 낯설고 불쾌한 경험을 거부할 가능성을 지니고 있는 것이다. 자, 이제 모든 것이 낯설음과 냉담함 속으로 침잠한다. 일상의 범주적 규정을 벗어난 이러한 상태는 보편적인 대답이나 행위의 정석이 미리 정해져 있는 곳이라면 어디서든 이의를 제기한다. 미적 경험에는 정석이 있지도, 또 있을 수도 없다. 실상 인간은 자신의 창조적 생동성으로 말미암아 모든 총체성에 대한 요구에서 빗겨나 있는 존재이다. 그는 [총체성으로] 수렴되거나 정산될 수 없다. 그에게는 오로지 원근법적 통찰과 단편적 예시만이 가능할 뿐이다. 기실 구체적이고 생동적인 조건을 갖추고 있는 완벽한 체계는 [본래] 합법칙적으로 증명될 수 없다. 보다 정확하게 말하자면 그것에 대해서는 조심스러운 예측과 예상, 개인적이거나 집단적인 기억으로의 회귀, 비유만이 가능하다. 기본적으로 이들은 모두 반성의 계기들(예상, 숙고, 비교)로 전환시켜 설명될 수 있다. 하지만 반성이 논리적으로 얼마나 정당한지 처음부터 알아야겠다고 요구하는 즉시, 사유는 자신의 범위를 벗어나게 된다. 반성은 그 자체로 미적 경험을 완전하게 하는 요소이다. 자유는 한 개인이 자기 경험에 대한 해석자로 존재하는 바에 따라 작동한다. 해석 행위는 논리를 통한 확인이나 개념적 파악, 판단, 추론보다 훨씬 더 멀리까지 미친다. 특히 자신이 겪은 바를 해석하고 있는 사람은 그 자신의 판단을 비롯한 다른 사람들의 판단에서도 벗어나 있다. 실상 인간에 대해서는 어떠한 판단도 할 수 없는데, 왜냐하면 판단 그 자체가 자유에 한참 못 미치기 때문이다. 결국 세계를 감수하는 일에서 시작해 규격화된 모든 것들을 뛰어넘는 해석 행위, 바로 거기서 그 무엇으로도 침해할 수 없는 인간의 존엄성이 철학적으로나마 분명하게 밝혀질 수 있다.

한때 근대적이고 합리적인 방식으로 삶이 지켜졌다면, 이제 우리가 삶에게 기대하는 것은 자유의 모험이라는 미적인 활동이다. 계속해서 커져 가는, 모든 것을 실현시키라는 과제에 임하여, 인간 존재는 역동적으로 자신을 완성해 간다. 자연적 구심점이 없는 이 존재는 항구적으로 자기 자신을 넘어서는 능력을 지니고 있다. 따라서 [자기] 동일성은 어떤 확정적인 것이 아니라, 시간적이고 역사적이며 과정적인 것임에 틀림없다. 인간의 활동은 끊임없이 '세계 속으로 얽혀' 들어 간다. 비록 절대적인 전제들이 어쩔 수 없이 남아 있긴 하지만, 철학의 활발한 지평 역시 그러한 활동과 맥을 같이 한다. 어느 문화, 어느 시대든 인간의 삶을 바라보는 시선에는 각자가 바라보는 삶에 대한 존경이 담겨 있다. 둘러보면 인간은 열려 있는 물음들이다. 그는 오로지 간접 의문의 형식으로, 특히 철학적이고 문학적인 방식으로 물어지고 추구되는 존재이다.

플라톤과 플로티노스 이래로 줄곧 언급되고 있듯이, 배우는 인간의 현사실성을 가장 잘 보여 주는 하나의 전형이다. 그는 상황에 따라 자신에게 주어진 역할을, 때로는 더 많은 역할들을 수행하면서 인간의 현존재적 조건을 구체적으로 표현해 준다. 그는 무릇 존재란 모두 소중하며 헛되지 않다는 사실을 보여 주는 하나의 예이자, 그것을 직접 표현하는 자이다. 비통함에 잠겨서도 그는 언제나 한 편의 연극을 수행한다. 연극은 일상화되고 습관화된 삶을 깨뜨리면서 시작된다. 그런데 잘 들여다보면 그러한 결절의 지점은 언제나 이미 등장해 있었다. 쾌감, 들뜸, 소외, 낯섦, 불안, 고통 속에서 연극은 이미 상연되고 있었던 것이다. 그러한 인간적인 것들을 설명하고 이해하는 일은 피할 수 없는 일이며, 또 결코 한번으로 끝나지 않는다. 그것은 각자의 보충을 거쳐 늘 새롭게 무대에 오른다. 연극은 앞으로 무수한 해석의 여지를 남겨 두고 있는, 영원히 미완으로 남은 헛된 단편이다. 이 연극은 어떻게 진행되는가? 그것은 장면에서 장면으로, 한 상황에서 다음 상황으로 이어진다. 그것은 필연적으로 일방향성을 이루고 있지만, 동시에 그에 맞서 그것을 상대화하고 그에 저항하기도 한다. 타인의 위상이나 현존 형식에 비해 당연하게 보장되는 어떤 우월적 지위는 존재하지 않는다. 모든 이들은 자기 본질의 영역이 낯선 자들의 영역과 근본적으로 동등하게 취급된다는 사실을 이미 알고 있다. 개인과 공동체는 서로 다른 가능성을 지니고 있는 인간 존재와의 지속적인 논쟁 속에서 유지된다. 그리고 바로 여기서, 전형적으로 인간의 영역인 권력과 정치가 어김없이 등장한다. 사회적, 역사적 영역이 발생함으로써 “인간이 처해 있는 시공간적 차이는 무색해졌다”(Plessner, GS IV 378). 심지어 “모든 사람들은 동시대의 일원으로서 다른 사람들이 존재하고 있는 바로 거기에 존재한다”(Plessner, GS IV 378). 이러한 사정은 어떤 역설적인 결과를 가져오는데, 이에 대해 철학적 인류학자 헬무트 플레스너는 다음과 같이 말하고 있다.

> 동시대에는 오직 ‘한 명의’ 인간들만이 존재할 따름이다. 더 정확하게 표현하자면 동시대 사람들은 오직 한 명의 인간들로 존재한다. 동시대는 인간의 얼굴을 하고 있는 자들이라면 각자의 생체 구조가 다 다르게 생겼을 지라도 모두 절대적 응축점으로서 근원적으로 연결되어 있다. 또한 동시대는

> 상호 간의 영역이자 모든 인간적 문물들이 서로 만나 공개되는 영역이다. 따라서 동시대는 단수와 복수, 극소와 극대, 주관과 객관이 실로 등가를 이루고 있으며, 인간의 (단지 가능적이 아니라) 현실적인 자기 인식 역시 상호 존재적으로 보증된다. (Plessner, GS IV 378)

인간은 저 어두운 심연 속에서 고통스럽게 허우적대는 불가해한 존재이다. 그는 한 명의 개인으로 존재하지만 동시에 만인이자 만물이기도 하다. 하지만 인간이 어떤 존재인지 보다 분명하게 경험하기 위해서는 자신과 전혀 다른 사람들을 필요로 한다. 모순이 개입되는 지점이다. 그런데 모순은 실상 부정적인 방식[즉, 보이지 않는 방식]으로 개인 자신 안에 이미 포함되어 발휘되고 있었다. 언제 어디서든 인간적인 특성을 보이는 것은 실제로 사람들 각자가 지니고 있던 것이다. 따라서 자신의 가장 본질적인 의도가 충족되지 않은 채로 남아 있는 한, 인간은 하나의 영원한 수수께끼로 존재하길 그치지 않는다. 현존재는 무상함과 초월 사이에서 계속 어지럽게 흔들린다. 자신의 이러한 인간적 처지를 발견하고 표현하는 일은 분명 필수적이면서도 의미 있는 일이다. 요는 우리가 자기 자신으로 존재하면서도 [동시에] 모든 물리적 현상을 뛰어넘어 존재한다는 이 문제적 상황을 어떻게 처리할 것인가 하는 점이다. 어느 상황에서든 우리들 중 하나로 살아가는 개인은 세상 속에 자신의 설 자리를 마련해야 하면서도, 또 자신의 내적 동일성을 창조적인 방식으로 만들어 나가야 하는 일을 도저히 피할 수가 없다.

그렇다면 미학의 눈에 비친 인간은 결국 어떤 의미의 존재인가? 그는 다름 아니라 해석자로서 존재한다. (물론 칼 마르크스는 해석에

반대했지만, 그럼에도 그와 동시에 그는 과감한 변화를 주장하고 있다.) 따라서 인간은 여러 가지로 호명될 수 있다. 그는 자신이 겪은 일을 보여 줄 수 있고 세계를 해석할 수도 있으며, 또 주변의 모든 것들을 이해할 수 있는 자이다. 그는 여러 물상들뿐만 아니라 상상, 환상, 꿈 등 내적인 것이든 외적인 것이든 모든 것을 이해할 수 있는 자이다. 단적으로 요청하는 바, 미적인 경험을 바탕으로 자신을 이해하라! 절망에 빠진 자는 거기서 '해방'되고자 하는 참을 수 없는 유혹을 느낄 것이다. 위험을 감수할 용기가 없으면 자유는 시들어 버릴 것이요, 한 사람의 창조적 해석이 가닿지 않으면 모든 사물들은 획일적으로 굳어져 버릴 것이다. 예술은 그렇게 상징적이고 범례적인 특성을 올곧이 지키고 있는 것으로 보인다. 그 자신 하나의 해석인 예술은 그야말로 해석의 모범을 제시한다. 음악, 소설, 시, 그림, 조각 등 예술 작품을 비롯한 모든 철학적 사유들은 모두 세계 해석의 결정체들이다. 이들은 각자의 수신인에게 호소하고 있다. 자신의 가능성을 깨달으라고, 자신의 고유함을 느끼라고, 그리고 그것을 밖으로 표현하여 인간적 자기 이해의 과정을 시작해 보라고.

생명의 전개와 형상화

경험은 본래 명석하지가 않다. 인간과 세계는 답을 알 수 없는 모호한 수수께끼 같다. 하지만 이들은 해석될 수 있으며 또 해석을 요구하고 있다. 예술 작품도 이와 마찬가지다. 해석의 기본 요소를 설명하려 한다면, 대충 재인식, 비교, 비유, 은유, 귀납법 등을 언급하면 그만일 것이다. 그러나 보다 중요한 것은 관계와 의미, 형태를 통찰하고 거기서 느끼고 경험한 바를 철저히 반성하여 그 모든 것을 되도록 '아름답게' 펼쳐 보일 수 있는 그러한 '기술들[예술들]'을 갈고 닦는 일이다.

세계를 미적으로 제시하는 것은 오성적 합리성이나 단순한 분석의 수준을 넘어서는 일이다. 여기에는 하나의 불가피한 과제가 놓여 있다. 예컨대 예민한 감각, 그리고 창조적인 해석 능력과 더불어, 생명이 전개되고 형태화하는 과정을 진정으로 파악하는 그러한 이성에 따라야만 하는 것이다. 그런데 가히 찬동할 만하고 보편적이며 삶에 유용하기까지 한 합리성은 과연 어디로 모아지는가? 분명 이성은 언어에 의해 '순수하게' 유지될 수 없다. 이 말인즉슨, 사유와 인식은 이성의 그러한 언어적 특성으로 인해 감성, 사회, 그리고 역사에 연결되어 있음을 의미한다. 언어는 이념적으로만(혹은 그야말로 디지털적으로만) 활용될 수 있는 것은 아니다. 오히려 언어는 구체적인 현상의 형식들로 다양하게 가꿔진다. 그러고 보면 언어는 실로 신비한 비밀이라고 할 수 있다. 계획을 세우기 전에 먼저 언어에 귀를 기울여야 한다. 노래 역시 기본적으로 그렇게 이루어진다. 톤을 정하고 멜로디를 이루기까지, 노래는 형상들을 생생하게 묘사하면서 시적으로 발언하고 있다. [여기에] 개념적 파악, 추론, 그리고 증명이 추가된다. 무엇보다 중요한 것은 우리가 하나가 되는 것이다. 이는 마땅히 '우리'를 만나기 위한 끊임없는 노력이라 해도 좋을 것이다. 그 완성은 언어를 매개로, 혹은 횔덜린의 말마따나 지금 "우리가 된 대화" 속에서, 그리고 이제 곧 우리가 될 그 "노래" 속에서 이루어진다.

인간의 자아는 자신의 가장 깊은 내면에서 어떤 것과 생동적이고 발전적인 관계를 맺으려고 노력하는 것으로 보인다.

그런데 그 어떤 것이란 무엇인가? 헤아릴 수 없는 것인가? 만일 감성적인 것을 넘어섰다면, 그래서 세계를 형상화하거나 관념화하는 능력이 초감성적 사건을 떠올리자마자, 그것은 (윤리적이며 종교적인) 가치에 결부된다.

근원적으로 세계가 발생했다 함은 곧 관계 맺음이 시작되었음을 의미한다. 이는 신화만 보더라도 분명히 알 수 있다. 신화의 모든 이야기에서는 이름이 칭해지고 형상이 부여된다. 그리고 그렇게 명명된 것들이 어떻게 관계 맺고 또 어떤 결과에 이르게 되는지를 자손이나 예술 작품을 예로 해서 전해 주고 있다. 물과 공기, 하늘과 땅은 상호 관계의 근본 상태로 직관된다. 또 세계의 원리는 계속해서 자신의 모습을 바꾸며 항시도 멈추지 않고 변화하고 있다. 그렇지 않은 것은 말 그대로 죽음의 길로 들어서는 것이다! 따라서 가장 먼저 해야 할 일은 언어를 귀하게 여기는 일이다. 말이 스스로 말하도록, 고착되지 않고 늘 흘러가도록 우리는 언어를 가꾸고 또 가꾸어야만 한다. 마지막으로, 좋은 결론이란 열린 시각을 유지하는 것이리라. 서양의 헤라클레이토스와 동양의 노자와 같은 탁월한 인류의 스승들은 한 목소리로 다음과 같은 지혜의 말을 전해 준다. 삶은 흐르고 유연한 것이니, 경직되고 굳어지면 곧 부서져 버린다.

참고 문헌

마르쿠제(Marcuse)

Marcuse, Herbert: Eros and Civilisation, 1955; dt. Triebstruktur und Gesellschaft, Ein philosophischer Beitrag zu Sigmund Freud, Frankfurt a. M. 1957. [=TG]
— : One-Dimensional Man, Studies in the Ideology of Advanced Industrial Society, 1964; dt. Der eindimensionale Mensch, Studien zur Ideologie der fortgeschrittenen Industriegesellschaft, Neuwied / Berlin 1967.
— : Psychoanalyse und Politik, Frankfurt a. M. 1968 [=PP]
— : Kunst und Revolution, in: ders.: Konterrevolution und Revolte, Frankfurt a. M. 1973 [=KR]
— : Die Permanenz der Kunst, München / Wien 1977.
Bundschuh, Stephan: Und weil der Mensch ein Mensch ist, Anthropologische Aspekte der Sozialphilosophie Herbert Marcuses, Lüneburg 1998.
Koch, Erhard: Eros und Gewalt, Untersuchungen zum Begriff der Freiheit bei Herbert Marcuse, Würzburg 1985.
Langerbein, Berthold: Roman und Revolte, Zur Grundlegung der ästhetischen Theorie Herbert Marcuses und ihrer Stellung in seinem politisch-anthropologischen Denken, Pfaffenweiler 1985.

바움가르텐(Baumgarten)

Baumgarten, Alexander Gottlieb: Aesthetica - Ästhetik, lat.-dt., hg. Constanze Peres, München 2007 [=Ae]
Groß, Steffen W.: Alexander Gottlieb Baumgarten, Die Ästhetik als Lehre vom Menschen, Würzburg 2000.
Schmidt, Horst-Michael: Sinnlichkeit und Verstand, Zur philosophischen und poetologischen Begründung von Erfahrung und Urteil in der deutschen Aufklärung,

München 1982.
Solms, Friedhelm: Disciplina aesthetica, Zur Frühgeschichte der ästhetischen Theorie bei Baumgarten und Herder, Stuttgart 1990.
Witte, Egbert: Logik ohne Dornen, Die Rezeption von A. G. Baumgartens Ästhetik im Spannungsfeld von logischem Begriff und ästhetischer Anschauung, Hildesheim 2000.

칸트(Kant)

Kant, Immanuel: Beobachtungen über das Gefühl des Schönen und Erhabenen, Königsberg 1764, 1766, 1771. [=GSE]
— : Idee zu einer allgemeinen Geschichte in weltbürgerlicher Absicht, Berlin 1784. [=GWA]
— : Kritik der reinen Vernunft, Riga 1781, 1787. [=KrV]
— : Grundlegung zur Metaphysik der Sitten, Riga 1785, 1786. [=GMS]
— : Kritik der praktischen Vernunft, Riga 1788. [=KpV]
— : Kritik der Urteilskraft, Berlin 1790, 1799. [=KU]
— : Logik, Königsberg 1800. [=Log]
Allison, Henry E.: Kant's Theory of Taste, A Reading of the Critique of Aesthetic Judgement, Gambridge / New York 2001.
Burke, Edmund: Vom Erhabenen und Schönen, in: Kulenkampf, Jens(Hg.): Materialien zu Kants Kritik der Urteilskraft, Frankfut a. M. 1974 [=ES]
Burnham, Douglas: An Introduction to Kant's, Critique of Judgement, Edinburgh 2000.
Felten, Gundula: Die Funktion des sensus communis in Kants Theorie des ästhetischen Urteils, München 2004.
Ha, Sun-Kyu: Vernunft und Vollkommenheit, Eine Studie zu den Motiven der Kritik der Urteilskraft, Bern 2005.
Häfliger, Gregor: Vom Gewicht des Schönen in Kants Theorie der Urteile, Würzburg 2002.
Heidegger, Martin: Nietzsche, 2 Bde., Pfullingen 1961. [=HN]
Recki, Birgit: Ästhetik der Sitten, Die Affinität von ästhetischem Gefühl und praktischer Vernunft bei Kant, Frankfurt a. M. 2001.
Wieland, Wolfgang: Urteil und Gefühl, Kants Theorie der Urteilskraft, Göttingen 2001.

실러(Schiller)

Schiller, Friedrich: Über die ästhetische Erziehung des Meschen, in einer Reihe von

Briefen, Tübingen 1795. [=Br]
— : Historisch-kritische Ausgabe, hg. Norbert Oellers, Weimar 1943ff. [=NA]
Behler, Constantin: Nostalgic teleology, Friedrich Schiller and the schemata of aesthetic humanism, Bern 1995.
Englert, Dorothea: Literatur als Reflexionsmedium für Individualität Systemtheoretische Studien zur Funktion des ästhetischen Sinnangebots bei Schiller und Novalis, Frankfurt a. M. 1993.
Fuhrmann, Helmut: Zur poetischen und philosophischen Anthropologie Schillers, Würzburg 2001.
Heuer, Fritz: Darstellung der Freiheit, Schillers transzendentale Frage nach der Kunst, Köln 1970.
Schaefer, Ulfried: Philosophie und Essaystik bei Friedrich Schiller, Würzburg 1996.
Tschierske, Ulrich: Vernunftkritik und ästhetische Subjektivität, Studien zur Anthropologie Friedrich Schillers, Tübingen 1998.

하만(Hamann), 헤르더(Herder), 슐레겔(Schlegel), 노발리스(Novalis)

Hamann, Johann Georg: Sämtliche Werke, hg. Josef Nadler, 6 Bde., Wien 1949-53. [=N]
Herder, Johann Gottfried: Werke, hgg. Günter Arnold / Martin Bollacher, 10(11) Bde., Frankfurt a. M. 1985-2000.
— : Journal meiner Reise im Jahr 1796, hg. Katharina Mommsen, Stuttgart 1976.
Novalis (Friedrich von Hardenberg): Schriften, hgg. Paul Kluckhohn / Richard Samuel, 4 Bde., Stuttgart 1965, 1983. [=Schr]
Schlegel, Friedrich: Kritische Ausgabe, hg. Ernst Behler, 22 Bde., München 1958ff. [=KA]
Aulich, Johanna J. S.: Orphische Weltanschauung der Antike und ihr Erbe bei den Dichtern Nietzsche, Hölderlin, Novalis und Rilke, Frankfurt a. M. 1998.
Englert, Dorothea: Literatur als Reflexionsmedium für Individualität, Systemtheoretische Studien zur Funktion des ästhetischen Sinnangebots bei Schiller und Novalis, Frankfurt a. M. 1993.
Frank, Manfred: Einfühung in die frühromantische Ästhetik, Vorlesungen, Frankfurt a. M. 1989.
Heine, Heinrich: Die romantische Schule, Paris / Leipzig 1833.
Huch, Ricarda: Die Romantik, 2 Bde., Leipzig 1908.
Kubik, Andreas: Die Symboltheorie bei Novalis, Eine ideengeschichtliche Studie in ästhetischer und theologischer Absicht, Tübingen 2006.
Loheide, Bernwand: Fichte und Novalis, Transzendentalphilosophisches Denken im

romantisierenden Diskurs, Amsterdam 2000.

독일 관념론(피히테, 헤겔, 셸링 / Fichte, Hegel, Schelling)

Mythologie der Vernuft, Hegels ältestes Systemprogramm des deutschen Idealismus, hgg. Jamme, Christoph / Schneider, Helmut, Frankfurt a. M. 1984. [=MV]
Fichte, Johann Gottlieb: Sämmtliche Werke, hg. Immanuel Hermann Fichte, 8 Bde., Berlin 1845 / 46, hier II / 3, S.315-342. [=SW]
Hegel, Georg Wilhelm Friedrich: Ästhetik, nach der zweiten Ausgabe Heinrich Gustav Hothos, hg. Friedrich Bassenge, 2 Bde., Berlin / Weimar 1965. [=HB]
— : Phänomenologie des Geiste, hg. Johannes Hoffmeister, Hamburg 1952. [=PhG]
Schelling, Friedrich Wilhelm Joseph: Sämmtliche Werke, hg. K. F. A. Schelling, 14 Bde., Stuttgart / Augsburg 1856-61. [=SW]
Freier, Hans: Die Rückkehr der Götter, Von der ästhetischen Überschreitung der Wissensgrenze zur Mythologie der Moderne, Eine Untersuchung zur systematischen Rolle der Kunst in der Philosophie Kants und Schellings, Stuttgart 1976.
Hilmer, Walter(Hg.): Früher Idealismus und Frühromantik, Der Streit um die Grundlagen der Ästhetik, Hamburg 1990.
Paetzold, Heinz: Ästhetik des deutschen Idealismus, Zur Idee ästhetischer Rationalität bei Baumgarten, Kant, Schelling, Hegel und Schopenhauer, Wiesbaden, 1983.

쇼펜하우어(Schopenhauer)

Schopenhauer, Arthur: Sämtliche Werke, hg. Wolfgang von Löhneysen, 5 Bde., Darmstadt 1973. [=SW]
— : Werke, nach den Ausgaben letzter Hand, hg. Ludger Lütkehaus, 5 Bde., Zürich 1988.
Korfmacher, Wolfgang: Ideen und Ideenerkenntnis in der ästhetischen Theorie Aurthur Schopenhauers, Pfaffenweiler 1992.
Mann, Thomas: Schopenhauer, Stockholm 1938, in: ders., Werke, Das essayistische Werk, Frankfurt a. M. 1968, Bd.2, S.251-290. [=MS]
Neymeyr, Barbara: Ästhetische Autonomie als Abnormalität, Berlin 1996.
Pegatzky, Stefan: Das poröse Ich, Leiblichkeit und Ästhetik von Arthur Schopenhauer bis Thomas Mann, Würzburg 2002.
Spierling, Volker: Philosophie als Kunst und Erkenntnis, Zürich 1994.

키에르케고어(Kierkegaard)

Kierkegaard, Sören: Über den Begriff der Ironie mit ständiger Rücksicht auf Sokrates, Kopenhagen 1841, Frankfurt a. M. 1976. [=BI]
—: Entweder-Oder, hgg. Hermann Diem / Walter Rest, München 1975 [=EO]
—: Philosophische Brosamen und Unwissenschaftliche Nachschrift, hgg. Hermann Diem / Walter Rest, München 1976. [=UN]
—: Die Tagebücher, 1831-1855, Auswahl, hg. Hayo Gerdes, 5 Bde., Düsseldorf / Köln 1962-74. [=Tb]
Adorno, Theodor W.: Kierkegaard, Konstruktion des Ästhetischen, Frankfurt a. M. 1933, 1962.
Erne, Paul Thomas: Lebenskunst, Aneignung ästhetischer Erfahrung, Ein theologischer Beitrag zur Ästhetik im Anschluss an Kierkegaard, Kampen / NL 1994.
Pattison, George: Kierkegaard, The Aesthetic and the Religious, From the Magic Theatre to the Crucifixion of the Image, London 1992.
Schulz, Walter: Die Dialektik von Geist und Leib bei Kierkegaard, Bemerkungen zum Begriff Angst, in: Theunissen, Michael / Greve, Wilfried (Hgg.): Materialien zur Philosophie Sören Kierkegaards, Frankfurt a. M. 1979, S.347-366; Zitat 364.
Wennerscheid, Sophie: Das Begehren nach der Wunde, Religion und Erotik im Denken Kierkegaards, Berlin 2008.
Wesche, Tilo: Kierkegaard, Eine philosophische Einführung, Stuttgart 2003.

니체(Nietzsche)

Nietzsche, Friedrich: Sämtliche Werke, Kritische Studienausgabe, 15 Bde., hgg. Giorgio Colli / Mazzino Montinari, München 1980 (Bd. XIV, S.21ff.: Siglenverzeichnis). [=KSA]
—: Sämtliche Werke, Kritische Gesamtausgabe, hgg. Giorgio Colli / Mazzino Montinari, Berlin / New York 1967ff. [=KGW]
—: Sämtliche Briefe, Kritische Studienausgabe in 8 Bänden, hrsg. v. Girgio Colli / Mazzino Montinari, München 1986. [=KSB]
—: Werke, hg. Karl Schlechta, 3 Bde., München 1956. [=SA]
—: Werke und Briefe, hrsg. v. Nietzsche-Archiv, 5 Bde., München 1933ff. [=HK]
Art. Nietzsche, in: Die Musik in Geschichte und Gegenwart, Personen, Bd. XII, Kassel / Basel 2004, S.1105-1113.
Görner, Rüdiger: Wenn Götzen dämmern, Formen ästhetischen Denkens bei Nietzsche, Göttingen 2008.
Kaulbach, Friedrich: Nietzsches Idee einer Experimentalphilosophie, Köln / Wien

1980.
La Rochefoucauld: Réflexions ou Sentences et Maximes morales, [La Haye 1664], Paris 1665; Maximen und Reflexionen, frz.-dt., hg. Jürgen von Stackelberg, München 1987.
Müller, Enrico: Die Griechen im Denken Nietzsches, Berlin / New York 2005.
Padurean, Vasile: Spiel, Kunst, Schein, Nietzsche als ursrünglicher Denker, Stuttgart 2008.
Plutarch, Über die Abnahme der Orakel, De defectu oraculorum, in: ders., Moralia, 26, Leibzig 1950; ders, Über Gott und Vorsehung, Dämonen und Weissagung, hg. Klaus Ziegler, Zürich 1952, 126
Reuber, Rudolf: Ästhetische Lebensform bei Nietzsche, München 1989.
Sorgner, Stefan Lorenz / Brix, H. James (Hgg.): Wagner und Nietzsche; Ein Handbuch, Reinbeck 2008.

듀이(Dewey)

The Collected Works of John Dewey, hg. Jo Ann Boydston, 37 Bde., Carbondale / Edwardsville (I11.) 1967-1991; das sind: The Early Works (1882-1898), 5 Bde.; The Middle Works (1899-1924), 15 Bde.; The Later Works (1925-1952), 17 Bde.
— : Art as Experience, The Later Works, Bd. 10, 1987. [=AE]
Dewey, John: Kunst als Erfahrung, Frankfurt a. M. 1980, 2002. [=KE]
Alexander, Thomas M.: John Dewey's Philosophy of Art, Experience and Nature, The Horizons of Feeling, New York 1987.
Boisvert, Raymond D.: Dewey's Metaphysics, New York 1988.
Deledalle, Gérad: L'idée d'expérience dans la philosophie de John Dewey, Paris 1967.
Engler, Ulrich: Kritik der Erfahrung, Die Bedeutung der ästhetischen Erfahrung in der Philosophie John Deweys, Würzburg 1992.
Raters-Mohr, Marie-Luise: Intensität und Widerstand, Metaphysik, Gesellschaftstheorie und Ästhetik in John Deweys Art as Experience, Bonn 1994.
Schreier, Helmut (Hg.): John Dewey, Erziehung durch und für Erfahrung, Stuttgart 1986, 1994.
Zeltner, Philip M.: John Dewey's Aesthetic Philosophy, Amsterdam 1975.

그 밖의 자료들

Aesthesis, Wahrnehmung heute oder Perspektiven einer anderen Ästhetik, Leibzig 1990, 1993.

Ästhetische Reflexion und kommunikative Vernunft, hg. Forum für Philosophie, Bad Homburg 1993.
Barck, Karlheinz u. a. (Hgg.): Ästhetische Grundbegriffe, Historisches Wörterbuch, 7 Bde., Stuttgart 2006.
Böhme, Gernot: Atmosphären, Frankfurt a. M. 1995.
Bohrer, Karl Heinz: Ästhetische Negativität, München 2002.
Braungart, Georg: Leibhafter Sinn, Der andere Diskurs der Moderne, Tübingen 1995.
Budner, Rüdiger: Ästhetische Erfahrung, Frankfurt a. M. 1989.
Bürger, Peter: Theorie der Avangarde, Frankfurt a. M. 1974, 1990.
Danto, Arthur C.: Die Verklärung des Gewöhnlichen, Eine Philosophie der Kunst, Frankfurt a. M. 1989.
Eagleton, Terry: Ästhetik, Die Geschichte ihrer Ideologie, Stuttgart / Weimar 1994.
Elberfeld, Rolf (Hg.): Komparative Ästhetik, Künste und ästhetische Erfahrungen zwischen Asien und Europa, Köln 2000.
Eykman, Christoph: Ästhetische Erfahrung in der Lebenswelt des westeuropäischen und amerikanischen Romans, Tübingen 1996.
Fischer-Lichte, Erika: Ästhetische Erfahrung, Das Semiotische und das Performative, Tübingen 2001.
Fornet-Ponse, Raúl: Wahrheit und ästhetische Wahrheit, Aachen 2000.
Früchtl, Josef: Ästhetische Erfahrung und moralisches Urteil, Frankfurt a. M. 1996.
Geulen, Eva: Das Ende der Kunst, Lesarten eines Gerüchts nach Hegel, Frankfurt a. M. 2002.
Gold, Peter: Darstellung und Abstraktion, Aporien formaler Ästhetik, Frankfurt a. M. 1990.
Googman, Nelson: Sprachen der Kunst, Ein Ansatz zu einer Symboltheorie, Frankfurt a. M. 1973.
Hammermeister, Kai: Kleine Systematik der Kunstfeindschaft, Darmstadt 2006.
Henckmann, Wolfhart / Lotter, Konrad: Lexikon der Ästhetik, München 1992.
Jauss, Heinz Robert: Kleine Apologie der ästhetischen Erfahrung, Konstanz 1972.
Jung Werner: Von der Mimesis zur Simulation, Eine Einführung in die Geschichte der Ästhetik, Hamburg 1995.
Kern, Andrea / Sonderegger, Ruth (Hgg.): Falsche Gegenstätze, Zeitgenössische Positionen zur philosophischen Ästhetik, Frankfurt a. M. 2002.
Kleimann, Bernd: Das ästhetische Weltverhältnis, Eine Untersuchung zu den grundlegenden Dimensionen des Ästhetischen, München 2002.
Klinger, Cornelia: Flucht, Trost, Revolte, Die Moderne und ihre ästhetischen Gegenwelten, München 1995.
Koppe, Franz: Grundbegriffe der Ästhetik, Frankfurt a. M. 1983, erw. Neuausg. Paderborn 2003.

Küpper, Joachim (Hg.): Dimensionen ästhetischer Erfahrung, Frankfurt a. M. 2003.
Kutschera, Franz von: Ästhetik, Berlin / New York 1989.
Lachenmann, Helmut: Musik als existentielle Erfahrung, Wiesbaden 1996.
Lesch, Walter (Hg.): Theologie und ästhetische Erfahrung, Darmstadt 1994.
Lissmann, Konrad Paul: Philosophie der modernen Kunst, Wien 1994.
Mainusch, Herbert: Skeptische Ästhetik, Plädoyer für eine Gesellschaft von Künstlern, Stuttgart 1991.
Majetschak, Stefan: Ästhetik zur Einführung, Hamburg 2007.
Marquard, Odo: Aesthetica und Anaesthetica, Paderborn 1989.
Menke, Christoph / Küpper, Joachim (Hg.): Ästhetische Erfahrung, Frankfurt a. M. 2003.
Menke, Christoph: Die Souveränität der Kunst, Ästhetische Erfahrung nach Adorno und Derrida, Frankfurt a. M. 1991.
Menninghaus, Winfried: Das Versprechen der Schönheit, Frankfurt a. M. 2003.
Möller, Joseph: Ästhetik im Horizont der Freiheit, Würzburg 2005.
Nachtsheim, Stephan (Hg.): Philosophische Ästhetik, Freiburg i Br. 2004.
Paetzold, Heinz: Ästhetik der neuern Moderne, Sinnlichkeit und Reflexion in der konzeptionellen Kunst der Gegenwart, Stuttgart 1990.
Pegatzky, Stefan: Das poröse Ich, Leiblichkeit und Ästhetik von Arthur Schopenhauer bis Thomas Mann, Würzburg 2002.
Plessner, Helmut: Gesammelte Schriften, 10 Bde., hgg. Günter Dux / Odo Marquardt / Elisabeth Ströker, Frankfurt a. M. 1981-1985. [=GS]
Plumpe, Gerhard: Ästhetische Kommunikation der Moderne, 2 Bde., Opladen 1993.
Pothast, Ulrich: Lebendige Vernünftigkeit, Zur Vorbereitung eines menschenangemessenen Konzepts, Frankfurt a. M. 1998.
Ränsch-Trill, Barbara: Harlekin, Zur Ästhetik der lachenden Vernunft, Hildesheim 1993.
Reicher, Maria Elisabeth: Einführung in die philosophische Ästhetik, Darmstadt 2005.
Scheible, Hartmut: Wahrheit und Subjekt, Ästhetik im bürgerlichen Zeitalter, Bern / München 1984, Reinbeck 1988.
Schneider, Norbert: Geschichte der Ästhetik von der Aufklärung bis zur Postmoderne, Stuttgart 1996.
Schulz, Walter: Metaphysik des Schwebens, Untersuchung zur Geschichte der Ästhetik, Pfullingen 1985.
Schwering, Gregor / Zelle, Carsten (Hg.): Ästhetische Positionen nach Adorno, München 2002.
Seel, Martin: Die Macht des Erscheinens, Texte zur Ästhetik, Frankfurt a. M. 2007.
Sigmund, Judith: Die Evidenz der Kunst, Künstlerisches Handeln als ästhetische Kommunikation, Bielefeld 2007.

Sonderegger, Ruth: Für eine Ästhetik des Spiels, Hermeneutik, Dekonstruktion und der Eigensinn der Kunst, Frankfurt a. M. 2000.
Stockhammer, Robert (Hg.): Grenzwerte des Ästhetischen, Frankfurt a. M. 2002.
Szczepanski, Jens: Subjektivität und Ästhetik, Gegendiskurs zur Metaphysik des Subjekts im ästhetischen Denken bei Schlegel, Nietzsche und de Man, Bielefeld 2007.
Thums, Barbara: Aufmerksamkeit, München 2007.
Vietta, Silvio: Ästhetik der Moderne, München 2001.
Wagner-Egelhaaf, Martina: Mystik der Moderne, Die visionäre Ästhetik der deutschen Literatur im 20 Jahrhundert, Stuttgart 1989.
Welsch, Wolfgang: Aisthesis, Grundzüge und Perspektiven der Aristotelischen Sinneslehre, Stuttgart 1987.
— : Ästhetisches Denken, Stuttgart 1990.
— : Grenzgänge der Ästhetik, Stuttgart 1996.
Wendel, Saskia: Jean-François Lyotard, Aisthetisches Ethos, München 1997.
Wiegmann, Hermann: Utopie als Kategorie der Ästhetik, Stuttgart 1980.
Wiesing, Lambert: Stil statt Wahrheit, München 1991.
Wulf, Christoph (Hg.): Ethik der Ästhetik, Berlin 1994.
Zelle, Carsten: Die doppelte Ästhetik der Moderne, Revisionen des Schönen von Boileau bis Nietzsche, Stuttgart / Weimar 1995.

함께 읽으면 좋을 국문 도서

니체, F., 『니체전집 2, 비극의 탄생, 반시대적 고찰』, 이진우 옮김, 책세상 2005.
______, 『바그너의 경우 : 1888-1889』, 백승영 옮김, 책세상 2011.
듀이, J., 『경험으로서의 예술』, 이재언 옮김, 책세상 2013.
마르쿠제, H., 『에로스와 문명 : 프로이트 이론의 철학적 연구』, 김인환 옮김, 나남 2009.
버크, E., 『숭고와 아름다움의 이념의 기원에 관한 철학적 탐구』, 김동훈 옮김, 마티 2009.
셸링, F. W. J., 『조형 미술과 자연의 관계』, 심철민 옮김, 책세상 2002.
쇼펜하우어, A., 『의지와 표상으로서의 세계』, 홍성광 옮김, 을유문화사 2011.
실러, F., 『미학 편지 : 인간의 미적 교육에 관한 실러의 미학 이론』, 안인희 옮김, 휴먼아트 2012.
아도르노, T. W., 『미학 이론』, 홍승용 옮김, 문학과지성사 2010.
칸트, I., 『아름다움과 숭고함의 감정에 관한 고찰』, 이재준 옮김, 책세상 2005.
______, 『판단력 비판』, 백종현 옮김, 아카넷 2009.
키에르케고어, S., 『이것이냐 저것이냐 1, 2』, 임춘갑 옮김, 치우 2012.
______, 『죽음에 이르는 병』, 임춘갑 옮김, 치우 2011.
헤겔, G. W. F., 『헤겔 예술 철학』, 한동원, 권정임 옮김, 미술문화 2008.

노영덕, 『영화로 읽는 미학』, 랜덤하우스중앙, 2006.

미학대계간행위원회, 『미학의 역사』, 서울대학교출판부 2008.
______, 『미학의 문제와 방법』, 서울대학교출판부 2007.
______, 『현대의 예술과 미학』, 서울대학교출판부 2007.
바이저, F., 『낭만주의의 명령, 세계를 낭만화하라』, 김주휘 옮김, 그린비 2011.
장파, 『동양과 서양, 그리고 미학』, 유중하 외 옮김, 푸른숲 2006.